フツーの体育教師の僕がJリーグクラブをつくってしまった話

富山県立雄峰高等学校教諭
NPO法人富山スポーツコミュニケーションズ理事長
佐伯仁史

イラスト：雄峰高校の生徒さん

徳間書店

教師は教師の仕事だけしてりゃいい?
――そんな決まりなんてない。

僕は富山で県立高校の体育教師を務めている。

富山は知る人ぞ知る、超保守的な県だ。

他者に先駆けて事を起こすことをあまり得意としない。

車で富山を走っていると、右側の追い越し車線はガラガラなのに、左の走行車線は渋滞しているという光景によく出くわす。

ちょっと周りを見て、右へ車線変更すれば渋滞は回避できるのに、富山県民はそれをしない。県外から来た人は皆、不思議に思うようだ。

自分が最初に進路を変えることを嫌う富山独特の県民性である。

そんな街で、一介の教師が本職以外の夢を語るには厄介な障壁があった。

ましてやNPO法人を立ち上げてJリーグクラブをつくるだなんて、現役教師にあるまじき行為と映った人が大半だっただろう。

「学校のことをおろそかにしているんじゃないか?」

「顧問の部活をそっちのけで校外のクラブにばかり力を入れている」

「教員がこういうことやっても、うまくいくはずがない」

苦情はかなり寄せられたものだ。

でも、そんな声であきらめる僕じゃなかった。

大学の4年間を県外で過ごした僕は、就職でこの街に帰ってきて、あまりの代わり映えのなさに驚いた。

もちろん、変わらないでいることの大切さだってある。

だが、この北陸の地方都市に必要なのは自ら変わろうとすることだ。

いつもの道が渋滞しているからそのまま進むのではなく、周りの状況を見て、その中でベストな進むべき道を選んでいく。

積極的な変化を躊躇《ちゅうちょ》しない姿勢が、今必要なのだと強く思う。

僕が故郷に戻って教師になったちょうどその頃、
日本初のサッカープロリーグ「Jリーグ」誕生の動きが始まった。
地域主体のクラブ運営を目指したJの思想に、僕は感銘を受けた。
サッカー先進国・欧州のクラブと地域の関係に憧れていた僕は、
Jリーグクラブの将来性にすべてを懸けることにした。
この本に書いたことは、誰もが無理だと言った
北陸初のJリーグクラブ設立をいかに成し遂げたかだ。
むろん、僕一人だけの力でできたことではない。
サッカーを介してつながることができた
様々なジャンルの熱い人たちとの縁があって、
いち体育教師が描いた夢の絵図は形になったのである。

僕は富山の街と人が大好きだ。
立山連峰の稜線に囲まれた豊かな自然の中で、
僕は少年時代を過ごし、何事も徹底的に「遊び切る」ことを学んだ。
遊ぶことの延長として全てを考えられれば、世界はひたすら楽しい。
スポーツだってそうだ。遊びとして始めれば、
探求心が優先し、苦手意識は出てこない。
暗くなるまで遊び切る気持ちがあれば、何にだって喜びは見いだせる。
僕がここで得たそんな気持ちを、次世代に伝えていきたいと思う。
そのためには、何かこの街の中心となるエンジンが必要だ。
元気のない典型的な地方都市となってしまったこの街を蘇らせる。
Jリーグクラブ設立に僕は夢を託した。

「歩く道を自分で選ばない生き方ほどつまらないものはない」

僕はいつもそう思って生きてきた。

先に記した富山の渋滞する道路での慣習ではないが、

前をゆく者を踏襲していくことは、選択肢を放棄するのと同義だ。

夢を追うにしても、新たなビジネスを始めるにしても、

自分の意志で車線変更できない生き方ほどつまらないものはない。

働く場所や働き方の多様性は、これからもどんどん増していくと思う。

僕たちに求められるのは、自ら選び他者と共有する行動力と積極性だ。

公務員である教師だって、遊び切る一念があれば、何でもできる。

地方でデカい夢を見て、それを実現することも不可能じゃない。

本書に記した僕の軌跡が、あなたの背を押すことになればうれしい。

2021年3月吉日　佐伯仁史

取材・構成／祓川学（ストライカープレス）
デザイン／木村友彦
撮影&出版プロデュース／森モーリー鷹博
イラスト／富山県立雄峰高等学校の生徒さん

Contents

教師は教師の仕事だけしてりゃいい？
——そんな決まりなんてない。　1

第1章 Jリーグクラブ誕生までの闘い

この街は変わらなければならない　16
Jリーグクラブはなぜ必要か　18
若造の夢物語は聞いてもらえなかった　20
この町のキーマンを探せ！　22
「ゴールドウイン」へ飛び込み熱弁　26

超保守王国・富山は変革を拒んだ　29
教師が学校以外の夢を語って何が悪い！　33
ビジネスに名声も学閥もいらない　35
共感を得るために逆のことをした　38
お金をいただくことがサポートではない　40
交渉のゴールは「ダメ」を言わせないこと　45
県民のためのクラブでなければいけない　48
ついにＪクラブ旗揚げへ！　51
証言1 中田国夫氏（中田自動車有限会社代表取締役）　54
証言2 田家清氏（元ＹＫＫ株式会社副会長）　55
証言3 貫江和夫氏（元公益社団法人富山県サッカー協会専務理事／新庄ＦＣジュニアコーチ）　56

第2章

教師だからできた仕事と夢の両立

教師だから他のことができる 58
ド派手メイク女子高生を肯定する 64
問題児を任されるのは楽しい 66
破天荒教師として出る杭になる 72
不真面目でやんちゃな先生でありたい 77
体育の授業で生徒を操る方法 81
学校の部活だけじゃない選択肢 86
教師とはサービス業である 90
「離見の見」という考え方 94
NPO立ち上げと3足のワラジ 96
高校教師、営業マンになる 102
年間40日の休暇を堂々と取るには 107

指導者は50年後、100年後を見よ　111
証言4　池森武宣氏（NPO法人「TSC」名誉会長／富山サッカー友の会幹事長）　113
証言5　安田量氏（一般社団法人常願寺川公園スポーツクラブクラブマネジャー・事務局）　114

第3章
無理の壁を突破してきた僕の半生

危うく死にかけた無謀なチャレンジ　116
ボールは正直だ　120
なぜ部活は1つしか選べないんだ？　122
伝説のコワモテ先生に学んだこと　126
生徒の関心を集めるネタ、　132
偏差値38からの筑波大学合格　134

わけあって児童福祉施設に配属 139
障害を抱えた子どもたちに学ぶ 143
家庭とＪクラブ設立の狭間で 147
証言6 南木恵一氏（一般社団法人とやまライフデザイン研究所理事長） 149
証言7 神野賢治氏（富山大学人間発達科学部地域スポーツコース准教授） 150

第4章 地方にこそビジネスチャンスあり！

クラブはカターレ富山になったが…… 152
地域トップたちを前に自説を語る 155
欧州クラブと街のつながりを見て 157
東京型の成功を求めてはいけない 163

地域の課題は自分のことなんだ　166
自ら考えて動けばやりがいが生まれる　170
地域が喜べばチャンスは生まれる　172
観客を試合観戦だけで帰らせるな　176
新たなつながり「病院ビューイング」　183
共同募金会を巻き込もう！　191
福祉とスポーツをつなげた募金箱　193
「まちなかスタジアム構想」への道　195
証言8　今井隆信氏（富山エフエム放送株式会社　アナウンサー）　199
証言9　中村渉氏（唄うおでん屋「茶文」マスター）　200
人は悩み、もがくところから解を導く
――あとがきにかえて　202
謝辞にかえて　206

第1章

Jリーグクラブ誕生までの闘い

この街は変わらなければならない

1987年（昭和62年）3月、筑波大学体育学群を卒業した僕は、故郷・富山へ戻った。東京から電車で約7時間の距離にあるJR北陸本線富山駅。改札を出てまず目に入ってくるのは、子どもの頃から変わらない「市電」の名で親しまれている路面電車だ。当時の最も新しい話題は、地上7階建の「マリエとやま」という新ビルが建ったことぐらいだ。

（昔と変わらず、冴えない街だよなぁ）

大学は茨城県だったが、僕は東京も活動エリアだったので、つい故郷と都会を比較してしまう。ただ、遠くに稜線を描く立山連峰の雄大な景色だけは、どこか優しく帰郷者を迎えてくれる。いつ見ても心が安らぎ、帰ってきたことに安堵するのだ。

富山に戻った理由は「Jリーグクラブ設立」という目標を達成するためだ。当時の就活は今とは真逆の売り手市場だった。多くの学生が大手企業の内定を目指した。僕も大手都銀の内定をいただくことはできたのだが、お断りし、地方公務員、富山県で教職に就く道を選んだ。**地元にJクラブを設立するためには、じっくり故郷に腰を据えて事にあたらねばならない。そのためには望まぬ転勤のある一般企業よりも、県採用の教師なら県外に出**

ずに済むと考えたのだ。

その頃の首都圏のサッカー関係者の間では、**日本サッカーリーグ（JSL）**から欧州のようなプロリーグ（のちのJリーグ）が誕生するという話題で持ちきりだった。

僕はその流れに富山も早く乗っていくべきだと強く思い、帰郷を決意したわけだが、ここ富山にはJリーグ誕生近しのお祭りムードもなければ、関心を寄せる声も聞こえてこなかった。**公益社団法人（当時）富山県サッカー協会**にしても、地元のスポーツ少年団や中高サッカー部の試合運営と、企業のアマチュアリーグや国体などのほうに力が入っているようだった。

（こんな状況じゃ、Jリーグ誕生の大波が来たって、絶対に乗り遅れるぞ……）

サッカー関係者はおろか、ビジネスの匂いに敏感であるはずの富山の経済界からもJリーグの話題すら出てこないことに、僕は大いに失望した。

だが、僕は富山の街にJリーグクラブを作るために戻ってきたのだ、という初志を忘れることは決してなかった。サッカーが好きな人はもちろんだが、全くサッカーを知らなくて興味がない人たちも含めて、地域の子どもからお年寄りまでがスタジアムへ足を運んで応援する。欧州のクラブがホームである地域に根差し、地域と共に街づくりの一端となっていることに、僕の憧憬はあったからだ。

Jリーグクラブはなぜ必要か

１９８５年、筑波大学蹴球部に所属していた僕は、まだ大学3年生だった。当時の日本サッカー界には日本サッカーリーグというアマチュアとしてのリーグ組織があったが、日本代表ははっきり言って低迷していた。世界的に高まるサッカー熱を背景に、アジアサッカー連盟が**プロサッカーリーグ化**への話を水面下で進めていたこともあり、日本代表のレベルアップやプロリーグ立ち上げは急務だったのだ。

日本サッカー界の重鎮を輩出していたこともあって、筑波大蹴球部は情報が早い。当然、仲間内でもこの話題で盛り上がっていた。

「おい、聞いたか？　プロのサッカークラブ構想の話」

仲間のひとりが目を輝やかせて話しかけてきた。

「ああ。日本サッカーがプロ化するなんて、こんなすごいことはないな」

（やっときたか！）と心がときめいたことを覚えている。

サッカーのプロリーグは幼い頃からの夢であり、メキシコオリンピック銅メダリストの釜本邦茂選手が憧れだった。

ずっと見続けていたサッカー番組「三菱ダイヤモンド・サッカー」（１９６８～88年、93～96年・テレビ東京）では、ドイツのブンデスリーガ「ＦＣケルン」ＦＷの日本人プレーヤー・奥寺康彦選手の活躍を楽しみに見ていた。屈強な外国人選手の中で互角にプレーし、ゴールネットを揺らす奥寺選手にも憧れて、僕はＦＷを志したのだ。

その後、ドキュメンタリー番組やサッカー雑誌などで欧州クラブの実態を知る機会が増えていった。日本サッカーの現状が欧州などとあまりに異なることに、僕は愕然《がくぜん》とした。街のサッカークラブにも天然芝のグラウンドが３、４面もあり、老若男女がそこでサッカーに興じ、試合後のクラブハウスではなごやかにビールのグラスを傾けるご老人の姿もある。（クラブとはこんなに楽しい環境なのか）と僕は羨望した。だから、日本でもプロリーグ構想が動き出したという話を聞いた時はたまらなくうれしかったのだ。

プロリーグができることによって、クラブの下部組織や立地地域に対して、サッカーが何かしらの貢献ができる土壌が生まれるだろう。中央と地方の格差が広がっていく中で、地方を再活性させる起爆剤としてサッカーが機能する。必ず故郷の富山にもプロのクラブをつくらなければならない、という強い義務感にかられた。

若造の夢物語は聞いてもらえなかった

いよいよ僕のJリーグクラブ設立プロジェクトが始動した。全国的にも1991年に控えたJリーグ誕生への機運が高まり、多くのサッカー関係者が夢に向けて動き始めた頃だ。これは追い風だ。このタイミングを逃してはならない。富山でも遅くとも3年以内にはJクラブ設立に賛同してくれる企業を探さなければ間に合わないと考え、僕はモチベーションを上げていった。

大学卒業して間もない弱冠22歳の僕は、板につかないスーツ姿で自分で考えた**企画書1枚を携え、様々な企業を訪問しまくった。**だが、飛び込み営業のような若造がいきなり面会を申し入れても、部課長クラスは当然ながら出てきてくれるわけがない。

「ご用件は何でしょうか？」

たまたま対応してくれた30代前半の男性係長は話を聞いてくれはしたのだが、冷めた表情でこちらをジロジロと見るばかりだった。

「高校教師をしています、佐伯と申します。富山にJリーグクラブをつくりたいと思っています。御社にぜひ協賛企業としてご協力願いたいのです」

「……高校教師？　プロのサッカークラブ？」

教師とJリーグがまったく結びつかないようで、ただただ唸るだけだった。

「スポーツの協賛なんてまったく別世界ですよ、ウチは下請けの中小企業だから」

「いやー、これはちょっと、我が社では考えられませんね」

「そもそもプロクラブは富山じゃ無理なのでは？」

持参した企画書には目も通してもらえない。明らかに暇つぶしに相手をしているみたいな対応もあった。それも仕方がないかもしれない。見ず知らずの高校教師と称する若造が、夢物語のような話をいきなりしゃべりだすのだから。

県内の大手・中堅企業を2ケタ以上回ったが、どこも相手にしてくれない。それでは次だと、分厚い電話帳を開き（当時はインターネットがないので、アナログな調べ方しかなかった）、片っ端から電話してアポイントを入れていったのだが、だいたいが「忙しい」の一言で終わり。**それでもあきらめなかったのは、理解してくれる人は必ずいるはずだという信念が僕にはあったからだ。**

それに、学生時代のサッカーの猛練習に比べたら屁でもない。体力自慢でポジティブな僕には、精神面のダメージなどはまったく感じられなかった。

この町のキーマンを探せ！

僕の教師生活は児童福祉施設・**砺波**《となみ》**学園**から始まった。体育教師を志望しながら施設職員になった経緯は第3章で詳しく記すが、2年間の同施設勤務を経て体育教師の空きが出たことで、サッカーが盛んな立山町に所在する**富山県立雄山**《おやま》**高校**への赴任となった。もちろん、サッカー部顧問に就くことを願ったのだが、なぜかサッカー部はなかった。

「なぜサッカー部がないんですか？」と職員室で教頭先生に問いかけると、

「生徒も少ないし、部活の顧問をする先生もいなかったものでね」

と淡々とした返事。念願の体育教師になり、Jクラブ設立を始動させようとした矢先でもあり、僕はあきらめきれなかった。早速、この日からサッカー部設立の直談判を開始した。

それからしばらくしたある日。校長から直々にお声が掛かった。いいかげんにあきらめろという話になるのかと思ったら、逆だった。

「佐伯先生はサッカー専門の体育教師でしたね。部活としての正式承認よりも、まずはサッカー同好会をつくってみたらどうでしょう。待ち望んでいる生徒たちのために、ぜひ頑張ってほしい」

お墨付きの言葉だったのだ。僕はすぐさまサッカー同好会の創設に動きはじめた。同時に将来、同好会から正規の部活となって以後のビジョンも思い描いた。

生徒たちを学校の部活動だけではなく、外部のサッカークラブのユース選手らとも交流できるようにしたい。**地域で少年から大人まで一貫したサッカーができるクラブがやはり必要なんだ**――この発想こそ僕が富山に戻ってやろうとしているJクラブづくりの原点だった。同好会づくりをきっかけに、地域のサッカー少年たちとの連携を図ろうと考えた僕は早速、情報収集に動いたのである。

⚽地元の相談役的な人物に出会う

立山町は全国少年サッカー大会の常連チーム「立山中央JSC」をはじめ、全国的に見てもサッカー熱の高い地域だ。そのスポーツ少年団の中枢の人でなおかつ僕のJクラブ構想に関心を持ってくれそうな人は誰か。様々な情報から割り出したうちの1人が、同町内で「中田自動車有限会社」を営む中田国夫氏だと知った。地域の小学校のPTA副会長も務めておられ、御子息たちはスポーツ少年団にも所属していた。

（まずは中田社長にご挨拶にいって相談してみよう）

電話をかけてアポイントを取り、すぐさま指定された場所へ向かった。中田さんの工場の敷地内あるプレハブ小屋が事務所で、その中の6畳ほどの部屋に数名の背広姿の男性に囲まれて談笑しているツナギ姿のかたが中田社長だった。のちに知ったのだが、中田氏は町長、町議会議員、役場職員、住民たちが相談に訪れるほど人望が厚い、地元の相談役的存在だ。

「失礼します！　雄山高校体育教師の佐伯仁史と申します。このほど本校のサッカー同好会の顧問に就くことになり、ご挨拶とご相談にうかがいました」

頭を下げると、初対面だった中田氏は僕の目をじっと見て、こう言った。

「中田です。雄山高校の校長から『今度、素晴らしい先生が赴任してきたから頼む』と言われましたよ。真っ黒に日焼けしたジャージ姿を見ていると、まさに元気な体育教師ですな。実に頼もしい若者です。私も期待していますよ」

中田氏は僕をあたたかく迎えてくれたのだった。僕はその場で、**子どもから大人までが地元クラブで一貫してサッカーを楽しむことの意味や地域振興の重要性、サッカー少年団からジュニアユースの選手が高校サッカー部と交流することのメリット、そして将来、立山のユース選手が目指すところはJリーグになるのだ**ということを、無我夢中で語った。

「佐伯先生、熱意は十二分に伝わりました。私も先生とまったく同じ考えで子どもたちを指導しています。雄山中学校の校長も**『立山をサッカーの街にしたい』**と言っています。中学、高校と協力して、ぜひとも一緒に夢の実現に向かって頑張りましょう」

「夢の実現」という響きが心に突き刺さり、じーんと熱くなった。この日の熱弁を機に、僕は学校の授業を終えた夕方、中田自動車の事務所へ足繁く通い始めた。中田社長を介して様々なかたがたをご紹介いただき、20代の若者が出会うこともできない人脈を築くことができた。ここで培った縁がJクラブ構想の基盤として機能していく。しかし、

「Jリーグ？　何でウチが他の少年団の指導の協力なんかしなきゃいけないんだよ。少年団はいくつもあるんだから、今さら新たにつくる必要がどこにあるんだ」

他の強豪チームでは、僕の話に聞く耳さえ持ってくれないところも少なくはなかった。

夢の計画を熱く語っては、へし折られるのを繰り返しながらも、どうにか立ち直って次の歩みを刻めたのは、中田氏とその仲間の協力があったからだ。僕が顧問を務めるサッカー部の遠征合宿ではマイクロバスを用意していただいたし、中田氏の人脈を活用させていただきながらサッカーを通した地域振興を深めていくことができた。まさに放課後の工場から始まった夢語りの時間こそが、Jクラブ設立の第一歩になったのだ。

「ゴールドウイン」へ飛び込み熱弁

高校の授業以外の時間を使って、企業訪問する中、スポーツアパレルメーカーの最大手の**「株式会社ゴールドウイン」**（本店・富山県小矢部市）の門を叩いた。富山が発祥の世界規模の企業だ。

瀟洒《しょうしゃ》なビルの一室に通されると、先方からは僕と同じぐらい年頃の社員が現れた。

「サッカーの話ですか……。ちょっと、失礼します」

その彼は、すぐに席を立って部屋を出ていってしまった。

（ああ、ここもダメか）と思っていると、どうやら彼は、**サッカー好きな上司をわざわざ連れてきて、同席のもと説明を詳しく聞いてもらえる機会をつくってくれたのだ。**

（えっ？　上司がわざわざ……？）僕は急に背筋がピンとなった。緊張しつつ、いつもの勢いで、企画書と共に熱意を伝える。すると、こんな反応が返ってきた。

「富山にプロのサッカークラブとは、実にこの企画はおもしろい。今、Jリーグの話題で盛り上がっていますしね。資金面は難しいが、社内にチームができれば、初年度はユニフォームなら支給できるかな」

僕の頭の中は沸騰した。富山のJクラブ実現が一気に加速した感じがした。

当時、ゴールドウインは「エネーレ」というブランドと提携していた。サッカー界のレジェンドで元アルゼンチン代表、2020年11月に60歳の若さでこの世を去ったディエゴ・マラドーナ選手が在籍していた、イタリア・セリエA「SSCナポリ」はエネーレを使用していた。それがまた良い宣伝効果をもたらしていたのである。日本での展開において、ゴールドウインは戦略としてマラドーナを起用した広告などを打った。それも奏功し、Jリーグ開幕時にはアントラーズへの採用が決まったというのである。

メジャースポーツのサッカーと組みたい

ゴールドウインは東京本社のほか、会社の歴史の始まりの地である小矢部市清沢に本店を置く。小矢部市はホッケーが盛んで、ゴールドウインも支援しているクラブがあった。日本リーグに所属する強豪もあり、市全体で「ホッケーのまち」を打ち出していた。しかし、ホッケーはまだメジャーにはなっていない競技であったことから、会社としてはよりメジャーなサッカーかバスケットボールなどのクラブを立ち上げたいと考えていた。

また、ゴールドウインの社内でもスポーツは盛んで、社員の野球チームはあったけれど、サッカーチームは存在していなかった。そのため、富山でのJクラブ構想の話には、企業としても強い関心があった。毎年、大学のサッカー選手を獲得し、社会人3部リーグくらいからエントリーしてやがて優勝まで進むことができれば、いずれは**自社のチームがJリーグクラブになる**という構想があったようだ。

こんな大きな存在の理解者がいたなんて。たった1枚の企画書から始まった無手勝流のプレゼンで、ここまでこぎつけることができるなんて——。

多くの企業を訪問し、何度断られたことだろう。挫けそうにもなったが、必ず誰かが理解してくれるという思いを持ち続けてきたことが、このゴールドウインとのご縁につながり、成功へと導いたのだ。

ゴールドウイン本店を出た僕は踵《きびす》を返して、巨大な社屋に向かって深く一礼をした。

そして、次なるステップだ。企業の協力を得て動き出す際は、富山県サッカー協会に承認を得なければならない。僕はその足で県サッカー協会へ向かった。

「佐伯くん、素晴らしい話じゃないか！」

世の中がますますJリーグの話題で盛り上がっている中だ。県協会幹部の喜ぶ笑顔を想像しながら、僕は喜び勇んで協会の事務所へ急いだのである。

超保守王国・富山は変革を拒んだ

ここで少し、富山の県民性に触れておきたい。まえがき部分にも記したが、他県のドライバーが富山県内を車で走行していたら、妙な光景に出くわすと思う。2車線、3車線道路を走行する際、地元のドライバーは左車線、いわゆる走行車線をもっぱら使う。左車線が渋滞中になった場合、なぜか右車線、いわゆる追い越し車線は空くことになる。車線変更すればいいのに、渋滞の走行車線から動こうともしない。

何か新たなことを他に先んじて行うことが不得手なのだ。他人が右車線に動き出してうまくいくのを見て、安心して自分たちも動き出す。そんな保守的な県民性だ。僕自身は慎重である一方で、自ら突破口を開くところもある。いわば**「心の車線変更」**、これはサッカーのFWで培ったのだと思う。

ゴールドウインにJリーグクラブ構想へ向けて協力をしていただく道筋を取り付けた僕は、新チーム結成を予感した。そうなると、県サッカー協会に登録承認を得る必要がある。

（きっと協会幹部たちも喜んでくれるぞ）

協会事務所に行くと、ちょうど幹部がいた。早速、Jクラブ構想の話題と共に、地元が誇る名門企業・ゴールドウインが全面支援までしていただけることになったことを報告した。

当時の僕は教師のかたわら、**北信越サッカーリーグ（HSL）**で強豪の**「富山クラブ」**に所属し、プレーしていた。富山クラブは当然、上を目指していた。ゴールドウインとの新たなクラブ創設の折には、僕は富山クラブから移籍して合流したいと伝えた。すると、その幹部が話を聞くなり僕に言った言葉は、想像を絶するものだった。

「佐伯くん、君は何を言っているんだ？」

「新たなチームをつくるというのならば、君を移籍させるわけにはいかない」

「Jクラブ？　そんなものは富山にはいらん！」

協会側は、僕の考えを許さなかった。Jクラブ設立など絶対に許さないという反応だったのだ。

僕は完全にはしごを外された。Jクラブ設立に向けて県内企業を動かし、その中でも最大手と言ってもいいゴールドウインを味方につけることができたのだ。「よくぞやってくれた」以外の言葉は予想しなかった。さらに協会幹部からは怒りのごとき言葉を食らった。

「俺たちはサッカーに関心がある者がつくってきた団体（協会）であり、このサッカー協会の人間もそれに向けて努力をしてきたんだ。そこにゴールドウインだか、Jリーグだか知らんが、俺たちがつくってきたサッカーがのっとられるようなもんじゃないか！」
これまでの協会がしてきた努力を踏みにじる行為だと言わんばかりだった。

「またその話か！　もういい、出て行け！」

今思えばこの時点での協会側は、きっとJリーグに恐怖心を抱いたのかもしれない。当時の県サッカー協会は任意団体だったが、サッカーに情熱を持つ人たちがこれまでつくり支えてきたことは事実である。そして、その功績は大きく、リスペクトされるものだ。それゆえに**外部からの力が加わることが許せなかったのだろう。**

例えば、2002年の日韓共催W杯の準備段階では、開催会場のひとつとして富山県での開催を挙げていたようだ。ところが、どこでどうなったかはわからないが富山はそれを拒否したため、隣県の新潟での開催となったという話も漏れ聞いた。W杯誘致のために新設された新潟スタジアムは、FIFAコンフェデレーションズカップが行われ、J2リーグ最多の観客動員を実現している。W杯の成果はその後の新潟県にも大きなプラスをもたらしたのだ。

「富山県で開催しておけばよかった」とあとになって口にする県民、サッカー関係者は少なくなかった。**他が先にやってうまくいったらうちも……という考え方から抜け出すことができなかったのだろう。**

ゴールドウインの好意を無にするわけにいかない僕はあきらめきれず、その後、何度も協会に通ったが相手にされなかった。協会理事クラスが2、3人集まっていると聞いて、ある喫茶店まで出向き、**土下座して承認を懇願したこともあったが、「ダメだ！　許さん！」と拒否された。**

最後の手段として、協会理事長の自宅にも行った。

「何しに来た！　またその話か！」

ここまで徹底的に否定されるなら、現時点では無理だと思い、僕は理事長に進言した。

「わかりました。この話は一旦白紙にします。その代わり、僕を富山クラブから出させてください。僕は教員です。教員のクラブへ移籍しますので」

これ以上いくら話しても埒《らち》が明かない。時を待つことにして、身を引くしかなかった。

翌日、僕はゴールドウインへお詫びにうかがった。「これから先、Ｊクラブが始動できることになったら、必ず第一報だけは持ってこさせてください……」とひたすら頭を下げるしかなかった。先方は「わかりました」と了解してくれた。

教師が学校以外の夢を語って何が悪い！

県サッカー協会は、Jリーグクラブ設立に向けた僕の思いを受け入れてはくれなかった。僕自身の進め方にも若気の至りのようなところがあったのだろう。人生初にして最大の挫折を味わったわけだが、落ち込んでいる時間はそう長くはなかった。スポ根マンガ『巨人の星』ではないが、僕には大きなビジョンの星があった。だから、すぐにリスタートが切れた。

僕はスポーツに大恩がある。第3章にて後述するが、**高校時代に偏差値38を叩きだしながらも筑波大学へ進学できたのだ。**奇跡の合格だった。その後の筑波大蹴球部からの現在に至る人生の流れを考えると、何かに導かれてここまで来た気持ちが強い。

(俺はきっと、スポーツ界で何かしら貢献しなくてはいけない存在なのだ)

宿命というか、そんなふうに思っている。子どもの頃から無茶なことはいろいろとやってきた。不可能を可能にしてきたところもあったから、大人になってからもできないことはないと感じていたのかもしれない。

(佐伯仁史よ、自分だけが楽しんでいるのではなく、みんなにもきちんと伝えなさい)

スポーツの神様に言われた気がしていた。神様のいたずらなのかもしれないけれど。だからJクラブ設立は、**スポーツへの恩返し**という面もある。独りよがりな考え方かもしれないが、地方の体育教師がデカい夢を語って何が悪いんだ。

夢を語っている時ほど、人はポジティブで幸せな気分になれる。これまで僕はサッカーとそこから始まった様々なご縁によって、多少の挫折はあっても幸せな人生を歩ませてもらっている。

僕はやっぱりこの富山とそこに暮らす人たちが好きなのだ。このまちの未来を背負う子どもたちやここに生きる人たちに、僕がこのまちから得た恩恵、サッカー、スポーツから得たものを手渡していきたい。そのための環境をつくることこそ具体的な恩返しだ。

〈お前、死ぬまで頑張れよな〉

苦しいけど、僕はそんなふうに自分自身に発破をかける。きっとこのトンネルを突き抜ける日は必ず来る。この言葉を心に刻み続けていたからこそ、前を向いてこられたのだ。

ビジネスに名声も学閥もいらない

最近思うことだが、プロ・アマの別なくスポーツにおける優勝チームのリーダーの発言に、いささか疑問を感じる。

特に高校生の部活やクラブチームが全国大会などで優勝すると、監督の名前を過剰に持ち上げる傾向がメディアにはあるように思う。確かに、名声があればいろいろなことはスムースにできるのかもしれない。だが、祭り上げられた本人は勘違いを起こしてしまうのではないか。

むろん、一介の無名の体育教師の僕に、そんなふうにスムースにいくことはまるでなかった。Jリーグクラブを語る時の周囲の反応は、確かに芳《かんば》しくはなかった。

「そんな話は有名人じゃないと説得力に欠けるし、実現は無理だ」と言われたものだ。

（有名人？　名声がなくちゃ何にもできないのか？）

学校や会社などの組織の枠の世界ならば、こういうことがありうるとうすうす感じてはいた。校長、教頭の立場になれば、時として個人の意見が大きく反映されやすいこともあり、進めようとしていた案件の実現への道が開けることもある。下っ端で役職もない教員や、平社員では、上司も企業先も相手にしないのと同じなのだろう。

どんな世界でも肩書きで仕事を判断することはよくある話だが、今でも変わらないと感じるのは、出身大学の学閥。それが**富山では出身高校閥が問われる。**

⚽出身高校閥という富山の悪弊

県サッカー協会の幹部で、僕が日頃からお世話になっている人がいた。そのかたとある会合で久しぶりに再会した。そこで、富山県にJリーグクラブをつくりたいという話を改めてチラリとした時のことだ。

「お前、出身校どこだったたっけ?」といきなり聞かれた。

「筑波大学です」

「違う違う。高校だよ」

「(富山)東高校ですけど」と返答すると、間髪入れずこう返ってきた。

「東高校じゃダメだな」

と一笑にふされたのである。

(こんなことを言う人だったかな? 何を言っているんだろう)と半ば呆れて思った。

他の会合に顔を出した時にも、年配者たちとの会話の第一声で必ず出身高校を聞かれ、否定的な言葉を浴びせられることはたびたびあった。

どうやら当時の年配者たちにとっては、**名声を手にする人物は、富山県内の一流高校を出ているのが第一条件。**そこから東京大学に進学したり、有名大企業の代表取締役にでも就任したりすれば、さらに箔《はく》が付く。そうなれば発言力も実権も握ることができると思っているのだ。

スポーツ界の先達がこのような考え方でいることにショックを受けたが、次世代のためにも、若い芽を摘んでしまう空気を変えていかなければならない。

悲しいかな富山は、今でも政財界の一部で、会話の中には高校閥の話題が出てくる。同窓生が助け合ったり、協力する姿勢はとてもいい光景だが、ビジネスの場に出身高校なんかがどうして必要なのだと思えるのか。**必要なのは、その人間自身に夢や魅力があるかどうか。この人ならば一緒に仕事をしたいと思わせることが何より大切なのだ。**

そんな学閥志向に、僕の中では反骨心が明確に芽生えていた。

狭い世界でしか考えられない人たちの言葉を、僕は目標達成に向けての原動力に変えてきたのだ。

共感を得るために逆のことをした

目標を達成するには、1人でも多くの共感者をつくることが必要だ。孤軍奮闘では思考も行動範囲も人脈も狭くなる。

1人の共感者が見つかれば1センチほど進んだ気がして、それが時には100メートル進んだように感じることもある。

思い描く方向に一向に進めない時には、(やっぱり難しい、ダメかな。あきらめようかな)という悪魔の囁《ささや》きが聞こえてしまう。僕のJクラブ構想にしても様々な横槍や反対意見が出て頓挫するたびに、そうした気持ちが湧き出てくるのを抑えて、どうにか前を向いたものだ。

富山県外へのサッカー部の遠征で、ある教師に出会った。彼は僕と同じ気持ちを持っていた。

「佐伯さん、俺も地元にサッカークラブをつくりたいと思っているんです」

(自分以外にも同じ思いの人がいるんだ。富山にはいなくても日本のどこかにそういう人はいる。世界に目を向ければ、かなりの数がいるはずだ)

そう思うことができれば、1人で考え込まなくていい。遠く離れていても情報交換をしたりして、共感を広く求め、人脈を広げていくことができるのだ。

また一方で、目標を達成するには、フォアキャスティングだけじゃなく、バックキャスティングも意識したほうがいい。**目の前ばかり見るのではなく、ちょっと下がってから改めて将来像を見てみる。そこから逆算してみると、新たなヒントが摑めるものだ。**

若かった僕はJリーグ構想がうまくいかず、県協会との考え方の相違によって一旦引かざるを得なくなった。だが、その経験があったからこそ、そうした考え方を得られた。ゴールドウインからの支援を取り付けて、成功した気持ちでいた僕を、当時の県サッカー協会は一蹴したのだが、あの時、真っ向から反対の意見を言ってくれたことに感謝したい。

あのまま、すんなりとJクラブの話が進行していたら、僕はすっかり調子づいて、わがままな人間になってしまっていたかもしれない。一旦引いたことの学びは、僕にとって非常に大きかった。

「遠回り」をすることになったとしても、それはむしろ「時間」が与えられたと考えればいい。そうすれば、心に余裕が生まれる。逆もまた真なりなのだ。

お金をいただくことがサポートではない

少し前後するが、Ｊリーグ設立が整いつつあった頃の話を先に少し記しておこう。

２００６年春のことだ。広大な敷地を持つ**「YKK株式会社」**の黒部事業所の一室で副会長の田家清氏と僕は向き合っていた。同席していたのは、県サッカー協会専務理事の貫江和夫氏、現在、僕が理事長を務めるＮＰＯ法人**「富山スポーツコミュニケーションズ」（TSC）**でのちにマネジメントアドバイザーとなる南木恵一氏だ。

同社には**日本フットボールリーグ（JFL）**の**「YKK APサッカー部」**があった。北陸電力株式会社サッカー部**「アローズ北陸」**とでリーグ上位を争っていて、「富山の２強」と呼ばれていた。僕たちは田家氏にＪリーグへの打診をしたのである。

「日本海側にはプロサッカークラブはありません。Ｊリーグに参入するにあたり、ＹＫＫ ＡＰとアローズ北陸の2チームで一緒になっていただけないでしょうか」

黙って聞いていた田家氏は、ふいに質問を投げかけてきた。

「佐伯さん、プロサッカークラブをつくるのに、まず必要なことは何だと思いますか？」

唐突な質問に一瞬何を答えていいのか迷った。的外れな回答をして断られてしまっては元も子もない。田家氏は、じっと僕の目を見つめている。僕は覚悟して口を開いた。

「**私としては企業から大きなお金をドンといただくよりも、広く浅く長くサポートしてもらえる会社をつくらないと、地域におけるＪクラブは持続性を失いうまくいかないと思います。**ヨーロッパのように１００年、２００年という長い歴史を重ねて土壌をつくっていかないと、経済の波もあり厳しいとも言われていますので……」

田家氏は一拍置いて答えた。

「その通りです」

僕は胸を撫で下ろした。田家氏いわく、地域主体でやるべきであり、大企業が手を挙げて率先して動くことはできないと思う。Ｊリーグ本来の思想も含めて、地域とプロサッカークラブの連携の大切さを念頭におくべきではないか、と告げられたのだ。

ただ、僕たちからの提案を聞いての第一印象は、サッカーのレベル的にも難しいと感じられたそうだ。田家氏は熱心なサッカーファンで、12年間スペインと英国に赴任し、世界最高峰と言われた、リーガ・エスパニョラやプレミアリーグの試合をよく観戦され、特に１９８２年のスペインＷ杯ではカンプ・ノウのスタジアムで〝世界〟を感じたという。

果たして、富山県でプロサッカークラブをつくったらどうなるか。企業スポーツの将来についても疑問は持っていたという。世界のサッカーを見てきた経験から、市民主体ではなく企業主体でJクラブを成り立たせるのは難しいのではないかと思ったそうだ。

当時、企業がスポーツビジネスで成功している例はそれほど多くはなく、そのかじ取りができるような人物もいなかったため、なかなか先が見通せなかった。すでにJリーグでは三菱電機、古河電工は冠を取って、企業としてのサポートの立場をとっていたのだが、企業が全てにおいて主導権を握っているわけではなかった。企業はサポートという立場で協力するほうがいいのではないかと田家氏は思っておられたようだ。

⚽アマからプロへの転換、そして約束を果たしに

YKK APは協力企業ではあるが、あくまでも地域主体ということで、資本金は一部の企業だけではなく県内の企業が協力して一緒に負担してはどうかとの提案を田家氏からいただいた。

たしかに、企業がクラブの顔として表に出るのは、Jクラブ設立の趣旨に反する。YKK APからの申し出は、理にかなった方法だった。

ただし、これは同社内の話になるのだろうけれど、田家氏は、**選手たちにアマチュアからプロ化することをどう伝えたら支障がないのか**、かなりご苦労をされたそうだ。必ずし

も全員がプロ化を求めているわけではないので、Jリーグクラブに加入する意向を話せば、辞めてしまう選手がいてもおかしくはない。

2007年12月、YKKAPは選手たちに対して、Jリーグに入るために会社をプロ化する際、会社に籍を置きながら出向の形をとるか、完全移籍するかの選択肢を伝えた。結局、25人中4、5人がプロを目指して退社、一部の選手は出向の形態でプロ契約をして、北陸電力のアローズ北陸も含めて16人ほどの選手を擁する形で、Jクラブはスタートとなった。

この段階では、まだメディアなどにリークされないように配慮した。それに、非公式ではあったが、この話を含むいくつかの朗報を持って、真っ先に向かうべき企業が僕にはあった。22歳だった当時、僕が初めてユニフォーム提供などの協力を得たにもかかわらず、諸事情から一旦白紙にせざるを得ず、ご迷惑をおかけしてしまったゴールドウインだ。Jリーグ参入が決まったら、必ず最初のご挨拶にうかがう。その約束を果たす時がやっと来たのだ。

僕は早速、今やラグビー日本代表のサポートから宇宙食のジャンルにまで参入する企業となったゴールドウインへ、貫江氏と一緒に向かった。

そこにゴールドウインの幹部のかたが出てこられた。県協会としての挨拶が終わり、僕は言った。

「本日は、お約束を果たすために来させていただきました。その節は大変お世話になった上に、ご迷惑をおかけしました。Ｊクラブが富山に発足できるタイミングが来ましたら、必ず第一報をお届けに……という、あの時の約束を果たしに参りました！」

その幹部のかたは、こう言った。

「もちろん、その話はよく知っていますよ。Ｊリーグが開幕し、弊社もユニフォームサプライヤーとして鹿島アントラーズと提携してきました。ナイキに代わってしまいましたけれど、その時のノウハウがあります。大きな出資はできませんが、富山のＪクラブのためにユニフォームサプライヤーとしてご支援させてください」

「ありがとうございます！　本当にありがとうございます！」

14年後にして約束を果たせた安堵の想いとうれしさで、目に涙があふれてきた。

あきらめないでいて良かった。本当に良かった。ビジョン達成の瞬間だった。

交渉のゴールは「ダメ」を言わせないこと

少し話がさかのぼるが、成功の陰にあった、貴重な第一歩を記しておきたい。

ゴールドウインの全面支援の約束を取り付けたにもかかわらず、当時の県サッカー協会はJリーグへの機運にも乗ろうとしなかった、あの日から14年の歳月が流れた2004年の春のことだ。Jリーグクラブ創設に向けて、人生2度目のチャンスが訪れた。

県サッカー協会は、全国に誕生しはじめたJクラブを見て、やはり富山にも必要であることを認識し、ようやく動きだした。

僕自身も、Jリーグに参画するためには県サッカー協会の内部に入ることは一つの近道になると考えて、末席に加わることになったのだ。

(もう、あの時におかした失敗をしてはならないんだ)

県サッカー協会の承認を得て、僕はJクラブ設立の実現へ向けた「Jリーグ特任理事佐伯仁史」の名刺を持つことになった。これでさらに実現性が高まる。

その後、主要メンバーを集め、「Jリーグスタディグループ」を立ち上げた。行政、経済界も含め、いろいろなかたがたを巻き込んで、3年後の設立にゴール設定をした。

そこで、最初に向かったのは、北酸株式会社代表取締役社長の山口昌広氏だ。山口氏は、日本で開催された「日韓ワールドカップサッカー２００２」に関して、１９９９年に国内にキャンプ地が誘致されることを知り、富山青年会議所理事長として県サッカー協会などへ働きかけた。そしてワールドカップキャンプ地誘致委員会会長としてヨーロッパやアジア各国を視察。その結果、富山市が国内16カ所のひとつとして選ばれ、最終的にクロアチア代表のキャンプ地となった。そんな多大なご尽力をされたかただ。僕は早速、当時の県サッカー協会事務局長・柴田恭伸氏と共に山口氏を訪ねた。

これまでのＪクラブ設立に関する経緯を説明したところ、山口氏はこう言った。

「よしやろう！　富山経済同友会代表幹事の中尾哲雄さんのところに行ってこよう。でも佐伯さん、中尾さんが『ダメだ』と言ったらこの話は終わりだよ。それだけは覚悟してくれ」

「ありがとうございます。よろしくお願い致します」

最高にうれしかった。いよいよ大一番だ。

後日、山口氏、柴田氏、僕の３人で中尾氏のところへ行った。

今までのいろんなことが思い出された。大きな起点。この一歩は何としても成功させなくてはならない。**交渉ごとのゴールは先方に「ダメ」を言わせないことだ。**ちょうど受講中だった、**公益財団法人日本サッカー協会（JFA）の「スポーツマネジャーズカレッジ本講座」**で学んだ「ネゴシエーション（交渉術）」の手法だ。多忙な立場のかたの限られた時間での交渉であれば、**まずは結論から入り、端的にストーリーを熱く語り、交渉相手の考えや感じたことをしっかり聞いて次に語る言葉に生かす。**営業マンなら当然のことだが、僕は中尾氏との交渉で実践することになった。

プレゼン終了後、中尾氏はこう言った。

「私はサッカーはわからないし、好きでもない」

（まずい！）と思ったが、さらに中尾氏は続けた。

「県知事はこの1期目、緊縮財政を徹底した。しかし、2期目の政策はそんなわけにはいかない。我慢を強いられてきた県民が楽しむ政策を打ち出す必要がある。そんな知事をその気にさせて、『やる』と言ったら、必ず協力する。夢のある話だから頑張ってくれ」

やった！　過去にトラウマとなっていた「ダメ」ではなかったのだ。

中尾氏の心の中では、（山口が言うのなら……）という部分もあり、山口氏の人柄にも助けられたのだと思う。

大きな一歩だ。この日がなければJクラブはなかっただろう。

山口氏とは今も時々お酒を交わしてはその話で盛り上がる。

県民のためのクラブでなければいけない

県サッカー協会専務理事の貫江氏から情報が入った。

「佐伯さん、富山県知事が話を聞くと言っている。Jクラブ設立をプレゼンするチャンスだ」

ものすごいタイミングだ。Jリーグスタディグループで準備は重ねてきた。僕は即応し、当日、県サッカー協会会長の福田孜氏、貫江氏と共に知事室に入った。3〜4分にわたるプレゼン後、知事からは、

「YKKと北電が参画するのであれば、協力できます」

と心が熱くなる声を聞くことができた。Jリーグスタディグループはさらなる企業訪問に入ることになった。

ところが、賛同の意向だったはずの企業が、急遽、否定的な対応に変わっていたのだ。

「俺のところは製造業だから、Jリーグクラブには全く関係ないですわ」

「富山でそんなことをしても、地元の一般企業が潤うことはありますかね」

製造業者は企業が顧客となるため、一般の観客へいくらアピールしてもメリットは少な

いと突っぱねられてしまったのだ。

（これは、えらいことになったな）

この年、僕は企業訪問のために、かなりの時間を費していた。高校では担任を持ちながらの作業。校長も協力的になってくれてはいたが、

「佐伯先生、お休みが続いていますが、体だけは気を付けてください。大丈夫ですか？」

さすがに心配された。

僕はさらに、ＪＦＡスポーツマネジャーズカレッジ本講座での30日間講座も受講していたため、少なくとも30日間は休んでいたことになる。校長もこれでは看過するわけにいかなかったのだろう。

企業色がつくことは避けなければいけない

なかなか先に進むことができない。他県ではもっとスムースにＪリーグクラブが設立されて盛り上がっている。富山との温度差は広がるばかりだった。

それでも僕は、体育教師の仕事の合間を縫って、Ｊ特任理事としてＪスタディグループの仲間と企業を訪問し続けた。無下に断られた道すがら、貫江氏と僕は語り合った。

「負けてはいかんですね、断られても仕方がないです。Jリーグクラブに関心がなければ何を言っても無駄ですから。でも必ず、関心や興味を持っている企業はあるんです。もっとあたっていくしかないですよね」

僕の言葉に貫江氏は笑っていたが、僕はふとその横顔を見ながら、先ほど断られた企業との交渉で、貫江氏が先方に語っていた言葉を思い出した。

「**製品自体は企業から企業へ行くでしょうけれど、それをつくっている御社の従業員は富山の人たちです。その富山の人に支えられるクラブにしたいのです。**社員が楽しい余暇を過ごせる、場づくり、そこに集まれるクラブにしていきたいのです。できれば御社に参加してほしい。従業員のかたを含む、富山県民のクラブでありたいと思います」

僕たちは、各企業を訪問するたび、**県民のためにあるクラブだ**と熱弁した。

Jクラブには、企業色がつくようなことは避けなくてはいけない。そして、サッカーに興味がある人しか来なくなってしまってもダメだ。**地域の人たちが自分ごととして受け止めてくれていないJクラブからは、やがて観客も離れていく**とJスタディグループの勉強会でも聞いていた。僕らは再び次の企業訪問へと向かったのだった。

ついにＪクラブ旗揚げへ！

「開かれたＪへの道　経済界が全面支援『県民クラブ』盛り上げ」

２００７年9月11日付けの北日本新聞の紙面に大きく活字が躍っていた。

アローズ北陸とＹＫＫ ＡＰサッカー部の統合が、正式発表されたのだ。両チームは統合によって、Ｊリーグ参入を目指す**「富山県民サッカークラブチーム」**に名称も変わった。

僕の悲願だったＪクラブ誕生が、ついに実現へとこぎつけることになった。

筑波大学蹴球部時代に聞いたＪリーグ構想。そこから僕の野望に火がついた。大手都銀の内定を蹴って、富山にＵターン。体育教師となってこの夢のために奔走しまくった。誰もが無理だと言い、計画を聞いてもらうことさえままならなかった日々、そして若さの力技だけで共感者を探し求め、様々な障壁にぶつかりながらも、どうにかここまでたどり着いたのだ。

思えば公私にわたり、本当にいろいろなことがあった。喜びもあれば、裏切られたような気持ちにさせられたこともあったし、逆に様々な人たちにご迷惑もかけてきたと思う。打ちのめされながらも夢をあきらめず進んでこられたのは、多くの人々に支えられてきたからだ。

企業訪問は結局、何件行ったのだろうか。今もいい経験になっている。

そういえば、こんなこともあった。

有給休暇は繰越年休が20日あれば、その年最大40日あるのだが、いつの間にかそれを使い切っていて、**知らないうちに欠勤扱い**になることもあった。

そんな教員は滅多にいないため、校長もつい見落としていた。

「佐伯さん、よく見ずに判を押していた。申し訳ない。どこかで取れていない休暇とかないか？」

「ご迷惑をおかけして申し訳ございません。校長には全く責任ないです。私が自分で決めた行動ですから。気にしないでください」

「でも県教委に報告すると、何かしら処分になるぞ」

「それで充分です。遠慮なく報告してください。お願い致します」

結果として、ボーナス時に欠勤分を差し引かれていた。

減給処分を受けてまで、よくもまあ、夢中になれたものだ。

この歳月を苦労などとは思ったことはない。ただひたすら、夢を現実のものにするために突き進んできただけだった。

紙面を見ているうちに、目頭が熱くなっていた。僕たちのJクラブはいよいよJリーグ構想のスタートラインに立ったのだ。

2008年11月30日、雨。この日、僕は県総合運動公園陸上競技場のスタンド席にいた。JFL最終節で、県民サッカークラブチーム**「カターレ富山」**はJリーグへの昇格を懸けてファジーノ岡山と対戦した。試合は1－1の引き分けだったが、Jリーグ昇格条件の4位以内を確定させている。カターレ富山は命名1年でJリーグ昇格を確実にしたのだ。スタジアムに集まった6460人が、イレブンたちに大声援を送っている。

これでJ昇格だ、よし、次のステップは――僕はスタンドからそっと見守りながら、次なる野望に火薬を込め始めたのだった。

証言1

中田国夫氏

（中田自動車有限会社代表取締役）

物事の2、3歩先を考えて行動する人

佐伯先生が挨拶に来た日のことは鮮明に覚えていますよ。事前に校長先生から「サッカー専門のいい体育教師がいる」と聞いていたので、会うことを楽しみにしていました。

日焼けした精悍な顔つきに、ジャージ越しにもわかるがっしりした体格。先生の目を見た瞬間、「ああ、この若者が子どもたちにサッカーを教えてくれたら、どんなにすばらしいことか」と直感しました。さらに富山県にJリーグクラブをつくりたいという構想を聞いた時、それが実現すれば子どもたちにとって大きな夢が持てると考えました。とてもいち教師が考える発想ではないですが、この先生ならば、きっとどんな障壁があってもやり遂げるだろうと感じたのです。

佐伯先生は物事を他より2、3歩先を考えて行動に移す人でした。その考えについていけない人は、「何を言っている」「現実離れ」「夢物語を追っている」などと言っていましたが、全く違います。

ご自身のハードルをいつも高く設定し、物事を動かすには自ら動くという強い信念を持った人だからこそ、私は協力を惜しまなかったのです。

証言2

田家清氏

（元YKK株式会社副会長）

わざと難しい質問を投げかけてみた

初めて佐伯さんとお会いしたのは2006年の春。弊社のアマチュアサッカー部がJFLで活動して、北陸電力のサッカー部と上位を争っていた時でした。Jリーグクラブ構想の打診を受けて、サッカー好きの私としてはとても素晴らしい提案だと思いつつも、率直に言ってプロクラブ化への道はまだレベル的に厳しいと感じていました。当時、企業がスポーツビジネスで成功している例は少なく、その中心になれる人物もいなかったからです。

佐伯さんの真意を知りたくて、わざと難しい質問を投げかけました。

「プロサッカークラブを作るにあたり、必要なことは何だと思いますか？」

佐伯さんは一瞬戸惑った様子に見えましたが、私の心を動かす言葉を口にされました。

企業からのサポート資金を集めるというわけではない。広く浅く長く持続性を持った関係になることで、百年単位の長い歴史がつくられていく。地域から愛される県民クラブでありたい、と。

佐伯さんならきっと、富山に末永く根付くJリーグクラブを実現できるだろうと思ったのです。まさに有言実行の人物でした。

証言3

貫江和夫氏

（元公益社団法人富山県サッカー協会専務理事／現在・新庄FCジュニアコーチ）

佐伯さんって本当に体育教師？

２００２年、日韓共催Ｗ杯が行われましたが、北陸の会場は隣県のアルビレックス新潟（新潟県）のホームタウンが使われました。富山県開催ができず、とても悔しい思いをしていたその頃、佐伯さんから「Ｊリーグクラブをつくりたい」という相談をされたんです。

お互いが同じ思いを抱えていて、Ｊリーグクラブがあれば、地域も盛り上がるという気持ちが通じ合い、喜んで協力したのです。

そもそもの出会いは、佐伯さんが高校３年生で出場した、県内のサッカー選手権の準決勝で私が審判をした時。私は雄峰高校の体育教諭だったのですが、佐伯さんも同じ道を歩んでいることを考えると、浅からぬ縁があったのだと思います。

ただ、Ｊクラブ設立に賛同したとはいえ、どう取り組めば良いかは手探り状態でしたね。まずは勉強会を始めることがスタートラインでした。スポーツ関係者が集まる中、佐伯さんは堂々と、調査分析を語り、結論も明確に示していた。そのスポーツマネジメント能力に驚かされました。グループにとっても頼もしい存在でした。

彼の言動や行動力のすごさに「本当に体育教師？」といつも驚かされています。

第2章

教師だからできた仕事と夢の両立

教師だから他のことができる

（将来、どんな仕事に就いたらいいんだろう？）

大学3年の頃だ。卒業後の就職先や職種をボーッと考えることが増えてきた。きっと学生ならば、ぼんやりとではあっても、誰もが将来の進路について考える時期でもあるだろう。いや、今時の学生ならもっと早くから進路を意識しているのかもしれない。

僕の大学での4年間は、まさにサッカーだけに夢中になっていたから、将来の仕事についてなど、それまではまったく真剣に考えたことがなかった。

僕が所属していた**筑波大学蹴球部**――サッカー部ではなく蹴球部の名称を使っていたのだが、そもそも蹴球という表記は、日本の伝統的遊戯の「蹴鞠《けまり》」の一種という解釈から名付けられたという説があるらしい。

筑波大学蹴球部は大学サッカーの古豪であり、OBには現在の公益財団法人日本サッカー協会会長及びアジアサッカー連盟理事を務める田嶋幸三氏をはじめ、風間八宏氏、小野剛氏、僕のひとつ後輩には、長谷川健太氏や田口禎則氏、平岡和徳氏、3つ下には日本代表選手として活躍した井原正巳氏、中山雅史氏など、そうそうたるメンバーがいるのだ。

1年生から4年生まで、約120人の部員がいる中で、僕はDFのストッパーとなり、1年生選抜に抜擢されたものの、2年生からはFWのポジションにこだわった。120人中、50メートル走測定は2番、シュートスピード測定も2番で身体能力も割と高く、ヘディングやロングシュートが武器だった。だが、FWのポジションでは日本代表級ばかりでレギュラーにはなれず、将来的にサッカーの有名企業からオファーがもらえるほどの実力はなかった。

当時の日本サッカー界にも職業としてのプロサッカー選手という存在はなく、どこかの企業に勤めながらJSLのセミプロフェッショナルスポーツ選手という肩書きで、企業から給料をもらって、プレーをするスタイルがもっぱらだった。

大学でのサッカーの練習が終わり、グラウンドで仲間らと談笑していた時のことだ。

「佐伯、卒業後の就職はどうするの？　どこかの企業に就職？　そうだ、富山に帰るんだっけ？」

仲間の一人から聞かれた。

「まだわからんよ。でもサッカー選手じゃ食ってもいけないだろう。デカい企業だと転勤があるからなあ。まあ、故郷に戻って仕事をするのも悪くないかもな」

全国展開をしている大企業に就職すれば、転勤を断ることは許されない。残業もあるだろうし、取引先や同僚たちとの付き合いの飲み会も少なくはないだろう。自分は好きなことならば猪突猛進で向かっていくタイプだが、興味がないことには全然気分が乗らない性格だ。

バブル前の右肩上がりの世情もあり、そろそろ進路を定めねばならないという時にもかかわらず、グダグダとしていたのだが、再びサッカー仲間から声をかけられた。

「佐伯、今度、大手都市銀行に勤めている先輩に会いに行くんだけど、一緒に行かないか？　もしかしたら就職できるかもしれないぜ」

「大手都市銀行か……」

海外生活にも興味はあったし、この時は行ってみようと思った。主要3社の財閥系で、誰もが知っている都市銀行だった。

当時の国立大学や東京六大学の体育会出身の学生の場合、**企業の重役ポストに就いているOBの口利きが有利に働く時代**でもあった。とくに入社試験の手ごたえがあったわけではないが、僕はそこの内諾をいただいてしまったのだ。

だが、内心は「これでいいのか……？」と腑に落ちぬまま時間ばかりが過ぎていった。

公務員という仕事の可能性

その頃、僕の心を揺れ動かす出来事があった。近い将来、日本にサッカーのプロリーグ（現在のJリーグ）が誕生するかもしれないという、サッカーを志した者にとって仰天の情報が入ってきたのだ。**大学蹴球部の監督やコーチたちは日本サッカー協会とのパイプが太かったため、報道より早く情報を得られる**機会があった。

この話は果たして本当か？　欧州のサッカークラブのように地域の熱狂的なサポートに支えられる世界が、ついに日本にも訪れるのか？——自分がプロのサッカー選手として生きていくことは難しいという自覚はもちろんあったが、これからの未来を想像するだけでも鳥肌が立ってきた。

（地元・富山にもプロのクラブが誕生したらすごいことだな）

できれば**何かサッカーに関わる仕事がしたい**、という思いは常に持っていた。いずれプロのクラブができた時のために、就職してからの時間を使いたい。そのためには、自分の時間、自分のリズムをある程度優先できて、転勤もないような職業がいいんじゃないか？

（地元で地方公務員……教師……という手もあるか）

それまで公務員という職業に感じていたイメージは、**枠にはめられたような堅苦しさ**であり、むしろ嫌いな職種だった。僕の父も、かつてはこう言っていたものだ。

「お前の性分は絶対、公務員には向いていないと思うよ」

まあ、そうだろうとは思っていた。しかし、**同じ公務員でも体育教師でサッカー専門であればなんとかなるんじゃないか**。中学、高校にはあこがれの体育教師がいたし、僕は体育専門学群出身だ。体育教師としてサッカーの専任になって一生懸命打ち込んでいれば、周囲からプロのクラブづくりの活動を受け入れてもらえるチャンスが出てくるかもしれない——。今思えば、世間知らずの実に甘い考えだが、その時はちょっとした閃《ひらめ》きのようにも思えたのだ。

当時はプロ野球以外のプロスポーツ企業、クラブ経営のための**スポーツマネジメント**という言葉は存在していなかった。体育系学部出身者の多くは、小中高の体育教師に収まるケースが多く、ビジネスとしてスポーツに携わるという発想自体がなかった。マネジメントの知識も知恵も全くないし、今時の学生のように起業するという発想も根性もなかったのだ。

先に触れた通り、当時の日本にプロサッカー選手は不在（海外には奥寺選手がいた）で、企業に籍を置いた社員がサッカー選手を兼任してプレーをしていた。**本業がサッカー選手というわけではなく、企業での仕事に携わらなければ生計を立てることはできなかったの**

だ。

かつてのメキシコ五輪サッカー日本代表の花形選手、釜本邦茂氏でさえ、所属先企業では課長職として業務にあたりながらプレーヤーとして活動していたのである。いわゆる企業スポーツとしては存在していても、クラブを起点とした会社経営はなかったし、まして立地する地域への社会貢献などという観点もなかった。

でも、プロリーグ化に向けて動き出したのなら、僕はプレーヤーたちがプロとして生計を立てられる、そして地域が盛り上がり、地方が元気になる環境づくりを整備する側の人間になりたいとも思い始めていた。そのためには自分が動かなくてはいけないし、動きやすいところにいなければならない。

プロリーグ誕生の情報を得てから何度も自問し、たどり着いたのはこういうことだった。（自分がこの大学で体育のスペシャリストとして、サッカーを第一専攻、第二専攻では体育・スポーツ経営学を選んだのは、何のためか？　このタイミングでプロリーグができるのだとすれば、筑波大学へ進学できたことを含め、これは**スポーツの神様のお思し召し**ではないか！）

何ともまあ、自分勝手な解釈だと思われることだろう。しかし、僕のJリーグクラブ立ち上げの道は、地元・富山県で教員採用試験を受けることから始まったのである。

ド派手メイク女子高生を肯定する

ここでちょっと教師としての現在の僕のことを記しておきたい。

現在、勤務している**富山県立雄峰《ゆうほう》高校**は定時制と通信制とに分かれていて、定時制には午前と10〜15時の2部制からなる昼間単位制と、夕方から始まる夜間単位制がある。通信制の生徒はほぼ仕事をしながら通学している。週1〜2回のスクーリング授業を受け、レポートを提出。加えて学校行事の文化祭、サークルや部活動もあるのだが、高校生といえども生徒たちは社会人でもある。日中は勤務先で働き、その後は学校での勉強というなかなかハードな日々を送っているのだ。

通信制の生徒の職業は多種多様で、三交代制のアルバイトもいれば、代行運転手を務める生徒もいた。なかなか経験できない環境下で各先生方は教鞭をとっている。

雄峰高校は共学なので女子生徒もいる。ある女子生徒が登校してきた時のことを思い出した。彼女の顔には**一般的な高校生を超えたド派手なメイク**。僕と一緒に生徒たちの登校風景を見ていた教員は、その女子生徒に目を留め、僕にこっそりと囁いた。

「あの子、いつも化粧がケバくて、高校生らしくないですよね」

ちょっと嘲笑《ちょうしょう》しているようにも思えたところが僕は気になった。

「確かに、化粧がケバいですけどねえ」

僕も率直に思ったことを伝えると同時に、言葉を加えた。

「先生、あの子が何時に起きているか知ってます？　あの顔をつくるのに朝5時に起きて、2時間近くもかけて化粧してるんだそうですよ」

「えっ？」

その教員は唖然とした表情を浮かべた。

「僕たちが寝ている時間なのに、顔づくりのために早起きをしてメイクに気合いを入れているあのバイタリティは、僕らには到底真似できません。むしろ立派なことなんじゃないですか？」

視点を変えれば、彼女の良いところ、努力していることにも気付くことができるんじゃないですか、と言いたかったわけだけれど、その言葉に教員は黙ってしまい、憮然とした表情になっていた。「よく見れば、僕らこそ身なりをしっかりしたほうがいいですかね」と付け加えたのだった。

問題児を任されるのは楽しい

"不良"の受け入れ先の一つ

定時制高校と聞けば、どこの学校も入学を許可しなかったと考える人はいるだろう。たしかにそういう生徒もいた。

その男子生徒は中学生時代からマークされていて、警察沙汰になった補導歴もあり、いわゆる札付きの不良生徒のレッテルを貼られていた。この種の情報は、入学後に学校同士のネットワークで周知されるし、時に尾ヒレが付いて伝わってしまうこともある。

当時の雄峰高校の教員たちは先入観として、彼が学校に来ると聞いた時から戦々恐々としていた。何も反社会的勢力というわけでもあるまいに、要注意人物として捉えている教師は7、8割いただろう。

「あの不良男子生徒は、一刻も早く辞めさせないと」

一部の教員が漏らしたその言葉に、僕はカチンと来た。

(じゃあ、何で入学させたんだよ?)

疑問を抱いていた中、僕はたまたま校内の廊下で、その男子生徒とすれ違った。一瞬のことではあったが、いい目をしているな、というのが第一印象だ。

その後、ことあるごとに男子生徒の話題が俎上《そじょう》となった。

「あの男子生徒ですが、バスケット部に入部届を出しました。どうしましょう？」

教員たちがざわめき立った。どうしましょうもへったくれもあるかよ、だ。

「自分はバスケ部の顧問はご遠慮させていただきます」

「私も顧問はしたくありません」

多くの教員らが、男子生徒が問題を起こすことを決めつけているかのような口ぶりで、顧問を務めることを避けた。僕は無性に腹が立ってきた。すると、ある教員が僕を見るなり、口を開いた。

「佐伯先生、バスケット部の顧問をお願いできますか？」

たしかにこれまでも、学校での厄介事やうまくいかない教員と保護者の仲介役などを結果的に引き受けることが多かった。体育教師だからタフだろうという理由もあったと思うが、**「最後の砦《とりで》は佐伯でしょ」**みたいな空気が漂っていることがわかった。

「ま、いいっスよ」

二つ返事で受け、（これはスポーツの魅力、価値を知ってもらうチャンスだな）と思った。**難しい生徒を育てれば、今後、僕の学校外での活動がやりやすくなるかもしれない**という勝手な思いや損得が働いたところもあるにはあった。

僕がJクラブを立ち上げるまでに奔走している時には、**年間で40日も有給休暇を取ったこともあったし、**一部の教員たちはそれをあまりよく思わないようだった。だからこそ、教員たちの間で**「佐伯は変わり者、とんでもない先生かもしれないが、こういうトラブルは引き受けてくれるんだ」**と、おこがましい言い方だが、僕の存在価値が少しは高まるかもしれないと思ったのだ。

⚽ 1週間の罰と1秒の罰、どっちを選ぶ？

多くの教員が不良と称したバスケ部に入ろうとした男子生徒とは別に、同じように良く思われていない生徒もいた。その男子生徒との会話は、昼休みのことだった。僕にとっての彼は不良生徒ではなく、やんちゃ生徒だ。

「先生、ちょっといいスか？」と、僕は体育館でひとり遊んでいる生徒に声をかけられた。

僕はいつだって生徒と同じ目線で話すことを考える。彼は、こう切り出した。

「あの教頭、僕を辞めさせようとしているように感じるけど、あいつ、どんなヤツなんスか？」

と質問をしてきたのだ。普通の教師であれば「いや、教頭先生だってお前のことを心配しているんだぞ」とでも答えるだろう。でも、僕はこう返した。

「教頭か。俺も、嫌いだよ」

あっけらかんと言ってみたところ、やんちゃ生徒は「へっ!?」と間抜けな表情で驚いた。

まさか教師の僕からこんな言葉が出るとは思わなかったのだろう。

「マジすか!? 先生」

やんちゃ生徒が身を乗り出してきた。よし、と思って僕はこう続けた。

「人間って、人それぞれなんだよ。教師だって50人いたら、50通りの考え方がある。悪いこともいいこともだ。だけど、お前のいいところを伝えるだけの関係ができていなければ、相手には伝わらない。**大嫌いな人とも話ができるようにならないと、ますますお前のいいところは伝わらないんだ。**それじゃ困らないか。そこが俺とお前の違いだよ」

彼が僕の言葉の真意を理解したのかどうかはわからないが、黙って聞いていた。

「お前以上に俺も合わないよ」

彼はこの言葉がツボに入ったのか、顔が和らいでいた。

それからしばらくしてのこと。今度は例のバスケ部の男子生徒が校則を破って、バイク通学をしていたのを発見した。僕が学校前のコンビニで買い物をしていた時、たまたま、彼がバイクで通り過ぎたのだ。後部座席にはバスケ部の女子マネジャーを乗せていたのも見逃さなかった。目が合うと、彼は（しまった！）と明らかに気まずそうな表情を浮かべた。その日の部活後、僕は体育館裏に二人を呼んだ。

「今日何をしたか、わかってる？」

怒鳴らず、淡々と質問した。

「……わかっています」

小さくうなずいた。

「じゃあ、今日のことはいいこと？　悪いこと？　悪いことをしたら、どうなる？」

「……叱られます」

彼は自分のやった行為を理解していた。

僕はここで二つの選択肢を与えた。ひとつは、どこの学校でも行うように生徒指導の先生が職員室に生徒を連れて行き、停学などの処分をし、新聞の社説を１週間書き写し、校内のトイレ、廊下を掃除、最後は反省文を書くというものだ。

もうひとつは、**「1秒」で終わること。**

「先生、１秒でお願いします」

男子生徒は胸の前で両手を合わせながらも堂々としていた。自決した良い態度だった。

「わかった」

僕は彼の頭にゴツンとゲンコツ一発を食らわせた（頬をひっぱたくわけにはいかない）。女子マネジャーには電話帳でポンと軽く頭を叩いた。もうひとつの約束として、最後にこう伝えた。

「学校から半径500メートル以内には、絶対にバイクで来るな！　守れるか？」

「絶対に守ります！」

男子生徒は、僕との約束を守り通した。さらに驚いたことに、彼の入ったバスケット部は全国大会へ出場。1回戦で負けはしたが、相手ベンチ、本部への挨拶などとても立派だった。そして卒業後は4年制大学へ進学した。しかも推薦で……。

大学卒業後、現在は大手企業でメカニックとして働いている。その便りは、何よりもうれしかった。

いつだったか、学校に来校した時、彼が「久々に先生に会いたい」と言っていたと他の教員から聞いて、思わず胸が熱くなった。

破天荒教師として出る杭になる

雄山高校勤務時代、**サッカー部員がタバコを吸っていた**という指摘を受け、部活の練習がしばらく禁止になった。僕はこの当時、サッカー部の顧問だった。

「今度、やったら**部員は全員坊主**だぞ」

サッカー部のキャプテンがキツい言葉を放っていたのだが、その数カ月後、同じ部員を含む複数名の喫煙がわかった。キャプテンの言葉は響いていなかったようだ。

ある日、キャプテンが沈んだ表情で僕のところに相談に来た。

「先生、俺は部員に何度も注意をしているのに、誰も自分についてきてくれないんです」

ショックを受けて落ち込んでいるのが伝わった。いよいよ、自分が出る番かな、それとも我慢するべきか、と考えた末、僕は部員全員を集めることにした。

「タバコの件だけど、これは悪いこと、良いこと、どっち？」

いきなりきつく怒鳴り散らすのではなく、丁寧な口調で問いかけることにした。

「悪いことです」

タバコを吸った部員らは素直に認めた。

「キャプテンはみんなを信用している。あそこまで言わせておいてわからなかったのか」

その言葉でその日は終了。部活を終えた僕は、行きつけの床屋へ向かった。

「バッサリ、頼みます」

店主に注文した。

「先生、本当にいいんですか？」

鏡に映る店主が不安そうに僕を覗き込む。

「問題ないです」

翌日、坊主頭の僕がサッカーグラウンドに現れると、部員らはあっけにとられていた。

「マジ？」


「やべえ、先生丸刈りだ……」


口で言うより態度で見せたほうが、インパクトがあると思ったのだ。人生初の丸坊主。

中高のサッカー部員時代でも、嫌でしたことのなかった坊主頭だ。しかし、キャプテンの気持ちを考えたら、彼の言葉に監督の僕が応えるしかなかった。

僕の坊主頭に驚いた部員たちは、部活動をそくさと終えて自宅へ帰って行った。

後日、キャプテンから聞いたが、サッカー部員たちはバリカンを握ってお互いを坊主頭にした。仕事から帰宅したある部員の親父さんは、息子たちがバリカンで髪を刈っているのを見て、「何やってんだ、お前たち!?」と大声で止めようとしたそうだ。ある母親は、息子と友だちが笑いながらバリカンで坊主頭にしていく様子を見て驚き、泣いてしまったのだとか。

自分でバリカンを使えない部員らは床屋へ行くなどしたそうだが、とにかく部員全員が坊主頭になったのである。

⚽ 教師の坊主頭に電話が殺到!

部員たちは、保護者たちに坊主になった理由を述べたそうだが、すぐさま保護者たちから部員たちの行為について、僕に問い合わせの電話が殺到した。意見は半々に分かれていた。

「いやあ、先生、素晴らしいよ。これこそが生きた教育だな!」という大絶賛もあれば、「家に帰ったら坊主にして何をしているかと思った。(先生が)自分が坊主にしたからというが、あんたはいったい何様なんだ!」電話口で怒号が飛ぶこともあった。

「前もって先生は保護者に電話をして、部員が坊主になりますと言うべきではないか」

そんな冷静な言われ方もあったが、僕はそれも違うと思った。その後、保護者同士で意見がまっぷたつに割れてしまい、ある保護者の家に先生を呼び出して説明をしてもらおうという話にまで発展した。

20名近くの保護者が集まり、賛成派と反対派のグループの境目となったところに、坊主頭の僕は座った。

「経緯を説明してほしい」

保護者から説明を求められ、僕は率直に事情を話した。部員らに坊主にしろと言ったわけでもなく、部員自身の考えに基づく行動だったということを懇切丁寧に説明した。時間はかかったが無事に理解してもらい、結果的にお咎《とが》めなしとなった。

坊主頭にした狙いは、部員たちに僕の坊主頭姿を見てもらい、どう思うかを自分で判断し考えてもらい、あとは君ら次第なんだよ、ということを伝えたかったのだ。

とはいえ、それほど用意周到に考えた策ではなかった。キャプテンが悩んでいる姿を見て、正直、困っていたところにピカッと閃いたのが坊主頭だっただけのこと。教師が坊主になったほうがドッキリ感があるんじゃないかなと咄嗟に思ったというフシもある。

きっと、学園ドラマの熱血教師であれば、部員全員をグラウンドに正座させて、「バカヤロー!」と全員をぶん殴る定番なシーンで終わらせたことだろう。

もっと言えば、坊主頭を通して、僕は今回のことを**自分ごととして見られる力をつけて**

ほしいと願っていたのかもしれない。

正直、タバコを吸っていない部員たちにとってみれば、今回のことは関係のない出来事ではあった。それでも**自ら頭を丸めてきたということは、自分のこととして受け止めてくれた**ということである。サッカー部員たちの心が一つになってほしいとも願っていたわけで、結果的に僕の人生初の坊主頭も役に立ったのだと思う。

ただ、心が一つになったとはいえ、キャプテンから全員が坊主にしたと聞いた時、ちょっと不安に思ったことがあった。

（ちょっと待てよ。マネジャーは女の子……まさか、やめてくれよな、頼むから）

翌日、坊主頭の部員の横に並んだマネジャーたちの髪の毛は、さらさらと風に揺れていた。僕はほっと胸を撫で下ろしたのだった。

余談だが、僕の坊主顔はどうも人相が悪く、知り合いのＢＡＲでは、「佐伯さん、笑っていてもらえます。ちょっと怖い人だわ」と言われていたものだ。確かに鏡を見ると……（苦笑）。

不真面目でやんちゃな先生でありたい

世の人々は、教師という職業をどう思っているのだろうか。

「公務員＝真面目」というイメージをお持ちのような気もする。ご高齢のかたからたびたび言われるのは、**「教師＝聖職者」**という言葉だ。思わず背中が痒《かゆ》くなってしまうようなお褒めの言葉だが、僕は自分のことを**「とんでもなく不真面目で、ずる賢い教師」**だと思っている。

日本人は物事に一生懸命に取り組む、真面目な国民性で知られる。だが、その真面目な姿勢が時に災いとなることは多い。

サッカーの試合で考えてみる。

ＦＷとして相手を困惑させるために、わざとオフサイドのポジションに突っ立ってみたり、疲れたふりをして相手が気を許した瞬間、クイックに動いてみたり、ずる賢いプレーも作戦のひとつだ。真面目にサッカーをすることを否定するつもりはないが、**どこかで遊びの一環だと思ってプレーする余裕がないと、視野は狭くなるし、有効な作戦も巧みに使いこなすことができなくなる。**

真面目過ぎるゆえに失敗した自分をひたすら責め続けたり、しまいには仲間のせいにして人間関係にも亀裂が入ることもあるかもしれない。

だからこそ、僕は常々、自分に言い聞かせているのだが、**仕事にはある程度、不真面目さを持つ余裕が大事だと思う。**その余裕が、生徒に対して「味」のある表情、声がけにつながるのだ。

不真面目だから素の部分が見える

教師の間でも「あ、この先生、不真面目だな」と思われることのメリットを経験してきた。例えば、余計な仕事は回ってこなくなる。つまり、真面目すぎると、「こいつなら断らないだろう」と思われ、雑用からあれもこれもと頼まれてしまうものだ。

かつての赴任先の高校での職員会議の光景だ。

「どなたか県外研修に行っていただきたく、後日決めたいのですが」

教頭が教員たちを見回した。

後日、ある教員に声をかけ、別室で「○○先生にお願いできませんか。お願いします」と半ば強引、強要にも思われる言葉を放つ。するとその教員は、真面目に、「あっ、わかりました……」と承諾してしまう。

選ばれた人を見ると、教頭はやはり**断りきれない人を選んでいる傾向がある。**独身か、結婚してもまだ子どもがいないか。すべての物事に一生懸命に向き合い、上司にも律儀で忠実。正義感や義務感が人一倍強い教員にこそ声が掛かった。もちろん、中には将来管理職になってほしいからお声が掛かる人もいるだろうし、自ら研鑽のために願い出る教員もいる。

しかし、断りきれない人が選ばれているケースをたびたび見てきた僕は、足元を見られないようにずっと工夫してきた。多くの有給休暇を取るということもその一つだったが、

「みなさん、夢を持っていますか？」

などと言わんばかりの姿を常に見せてきた。おそらく職員仲間からはこう思われていたはずだ。

「こいつ、仕事できないんじゃないか。夢だの何だのくだらないことばかり言ってるし」

それくらいに思われていたほうが何かと都合がいいこともある。

かつてのテレビ時代劇**『暴れん坊将軍』**をご存じのかたならわかるだろう。将軍・徳川吉宗ではなく、遊び人の旗本・徳田新之助として下町でのんびり過ごしているほうが絶対に得ということ。殿様には多くの責務がのしかかる。学校内とて同じことだ。

それが遊び人の顔をしていれば、町民の暮らしぶりや考え方、学校の場合であれば生徒や教員の素の部分が見えてくる。特に生徒との関わりにおいては、真面目過ぎる教師は絶対に損をする。

やんちゃな生徒との間でうまく会話や心が通じた時、僕が最高に楽しいと思うのは、きっと僕のほうが生徒より不真面目でやんちゃだからなのかもしれない。

僕の思いもかけない言動と行動で、教師や生徒を「えっ？　何この人」と困惑させることとは、サッカーのゲーム中だけでなく、学校での処世術としても案外有効なのである。

体育の授業で生徒を操る方法

体育の授業は、小中高の必修科目だ。生徒によってはスポーツが大の苦手で、体操着にも着替えず、授業を拒否することもあったりする。ひどい場合、それがきっかけで不登校にもなり得る。

僕の少人数による体育の授業でのことだ。バドミントンをしたのだが、体育着姿の女子生徒たちは体育館に入ってくるなり、グループになって隅っこに座り始めた。授業への意欲などまるでない。

「どうした？　そんな隅っこにいないで、こっちに集まってください」

「……」

声をかけてみるが返事もない。まるでゾンビのようにわざわざ体を傾けながら、面倒くさそうに僕の前に集まってきた。

「今日はバドミントンをします」

「えー（小声で）」

女子生徒らの反応は、明らかに拒否感を醸し出していた。

（こりゃダメだ。よし、あの手を使うか！）

ウォーミングアップが終わったあと、

「今からゲームをします。**先生にバドミントンで勝てたら、来週の授業に来なくていいぞ**」

僕の呼びかけに、女子生徒たちは一斉にこちらに力強い視線を向け、ドドドッと駆け寄ってきた。

「来週、授業休みたい」

「私も」

「私も！」

女子生徒たちはコートの中になだれ込んできた。

対戦相手はもちろん、僕一人だけ。正直、狭いコートの中に多くの人数がいればいるほど、試合運びがしやすいことをこっちは知っている。ずる賢い戦術だ。反対側のコートには、女子生徒たちが溢れかえってキャーキャー騒ぎながらラケットを握りしめていた。さっきまでのゾンビはもうどこにもいない。

「いくよー」

相手コート中央にシャトルを軽く落とすと、生徒たちは落下地点に集中する。ラケットがぶつかり合って打つことができない。

「人数が多いよー」

一人の女子生徒が僕の策略に気づき、プレーヤーを減らしだした。素早い対応に感心する。楽しもうとしているな。いい傾向だ。僕に勝とうと生徒たちは入れ替わり、必死にシャトルを追い回す。

「みんな猿回しの刑！」と僕は笑いながら声を張り上げ、ライン上ギリギリにシャトルを打ち込む。もちろん、彼女たちのラケットがギリギリで届く範囲だ。前後左右に動き回らせる。結果、生徒たちは「ああ〜っ　むかつくー」と言いながらも、汗をたっぷりかいてクタクタだ。明日はみんな全身筋肉痛だな、とほくそ笑む僕。

「普通に授業を受けておいたほうがラクだった」

「でも楽しかった」

「またやろう、先生！」

女子生徒たちに気づかせることが、僕の狙いだ。

スポーツは遊びなんだから

どうも「体育」にはキツくて、時には体罰といった嫌なイメージがあるらしい。

運動部活動の歴史を紐解いてみると、明治以降の学校教育の成り立ちが関係している。1872年（明治5年）、小学校に「体術」という教科が定められた。1884年（明治17年）に各師範学校・中学校で「歩兵操練科」を、1886年（明治19年）に学校体育で「普通体操」と「兵式体操」が実施され、のちに「兵式体操」が「教練」と呼ばれる教科となり、現在の体育へとつながった。この「教練」とは日本軍のための授業で、指導方法は規律重視かつ体罰も含まれていた。第2次世界大戦が終わっても「体育」での軍隊式の指揮・指導は変わることがなかったのだ。

そういった流れを受け継いできた部活動は日本の教育の一環となって、軍隊式指導で大成する者が指導者となり、体育教師になった。スポーツの概念と学校教育が奇妙に結びつきながら「自発的」に拡大させてきた背景がある。

海外では、ヨーロッパや北米でも部活動がないわけではないが、むしろ地域社会のクラブのほうが規模も大きく活発である。ドイツなどではそもそも部活動は存在せず、中国、韓国では運動部活動が中心ではあるものの、まさしく一握りのエリートだけのものになっている。

つまり、日本の運動部活動は独特の性質を持つわけで、戦後76年経った今でも教育現場には軍国主義が残っている。そんな背景から、現場の体育教師にいまだにその感覚が根強いのは事実だ。ゆえに少しずつ改革は必要。だから僕は、体育の授業が始まる4月、生徒たちにこう伝えている。

「スポーツは遊びであり、気晴らし。体育館、グラウンドに来るときは全てを忘れて、参加している生徒同士で戯《たわむ》れてほしい」

だいたい生徒たちはポカーンと口を開けて聞いているものだが、毎回、楽しい授業になるよう僕なりに考えて行動しているのだ。

学校の部活だけじゃない選択肢

全国高等学校サッカー選手権富山県予選の決勝が高岡市で行われた２００２年11月、隣の富山市の空港スポーツ緑地陸上競技場では、クラブチームの全国大会「Ｊリーグユースカップ」出場を目指す北信越・東海予選が行われた。北信越代表「ＦＣ富山Ｕ－18（18歳以下）」は東海代表の「愛知ＦＣ」との対戦に０－７で大敗し、全国大会出場の切符を逃した。

しかし、僕の気持ちは晴れ晴れとしていた。点差は開いたとはいえ、選手たちは最後まであきらめずにゴールを狙っていた。今までで最高のゲームだった。

富山県に初の高校生クラブとなるチーム・ＦＣ富山Ｕ－18を発足したのは、僕が体育教師となり、各高校のサッカーの部活動のあり方に疑問を持ち続けていたことに起因する。

高校入学後、希望する部活に入部したとしよう。それが例えばサッカーの強豪校だったとする。受験して合格して、人気の部活に入れたのに、強豪校は往々にして部員の人数は多い。１００人を超えているところだってそう珍しくはないだろう。そうなると、レギュラーとして試合に出られる、もしくはベンチ入りできるのは一握りになってしまう。入部

したはいいが、高校3年間で試合出場ゼロで終わることもよくある。

これは富山だけの話ではなくて、全国どこのスポーツ強豪校も抱えた課題の一つだ。もちろん、強豪校でレギュラーになれなくても、共にプレーができれば満足だという選手もいるだろう。だが、本音はどうだろう。それに、部活動には特別活動としての教育観点もあるので、**一度入部したら辞めづらく、一度辞めたら再入部も難しい世界**だ。

また、高校の部活動に所属すると、校外のどこかのクラブチームに所属する、いわば二股の所属でプレーをすることは許されていない。部活に所属すると、それ以外に選択肢がなくなってしまうことも、僕は疑問視していた。

そうした高校生たちの姿を見るたび、「大好きだったはずのサッカーを本当に楽しめているの？」と尋ねたくなる。

強豪校には必勝という宿命があるのかもしれないが、**学校の部活動は勝利を追求するばかりでいいのだろうか。**サッカーが好きだというなら学校の垣根などなく、他校の生徒、先輩後輩もない同じ仲間としてプレーが楽しめたほうがいい。そういう趣旨のサッカークラブがあってもいいのではないか。**別の選択肢**も用意してあげる必要性を痛感したのである。

（富山の子どもたちには、ずっとサッカーを続けてほしい。そのためには、独自のサッカークラブを立ち上げる必要がある！）
心の底に湧いた思いが原動力となって、僕は高校生のためのユースクラブ設立に動きはじめたのだった。

⚽「自分の高校の部員を見捨てるんですか？」

しかし、僕は現役の県立高校教師だ。雄山高校サッカー部の監督時代、クラブ設立に動いていることが新聞報道で知れ渡ると、学校内外で、他の教員や保護者からストレートな拒否反応が起こった。

「他校のサッカー部をつぶすつもりですか？」

「ご自分の高校のサッカー部員を見捨てるんですか？」

「あんたは高校教師なんだから、自分の高校のことだけしていればいいんだ！」

多くの反対や批判の声が上がったのである。

「社会に出る前の高校生に多くの選択肢を持たせ、自ら選んで動く。そんなプログラムサービス、エリアサービスを提供するのが、大人であり、教師の務めでもあるのではないでしょうか」

僕は反対、批判意見から逃げず、こんなふうな言葉で説得するようにした。すぐに理解してもらおうとは思わなかった。地道に活動を続けて、当事者である子どもたちが楽しんでいる様子を見せることでわかってもらうしかない。

十数年前から選手兼指導者として参加していた、小学生から大人までが所属する立山町のサッカークラブ**「立山ベアーズ」**から高校生の部を独立させ、富山市内を拠点とする**「FC富山U－18」**を発足した。

雄山高校サッカー部の練習を終えた僕はすぐさま車を飛ばして、クラブの練習場となっている富山県総合運動公園屋内グラウンドへ向かう。それが新たな任務となった。

「待たせて悪いねー」

練習は午後7時開始、週4回、クラブユースメンバーらを指導しながら共に汗を流す。週末には高校の部活動チームと練習試合を組んだりして交流も図った。

同じ高校生たちが所属先が違っても大好きなサッカーボールを一緒に追っている姿を見るたび、欧州のクラブのように地域に根ざしたスポーツクラブの姿が頭の中で浮かんだ。

そして、2003年、**全国に先駆けて富山県U－18リーグが開幕、クラブと高校が公式戦を楽しむ。そんな環境ができあがった**のである。

教師とはサービス業である

「ちゃんと先生の言葉を理解しているのか！」

ある男性教師が頭ごなしに生徒を叱っている光景を、たびたび見かけた。怒鳴り散らされている生徒の表情を見るたびに、残念に思っていた。

（あの言葉では、言うことを聞く生徒はできあがっても、生徒の心には響かないよな）

教師の叱責は案外、マニュアル通りであることが多い。それでは生徒に届くはずがないのだ。多くの教師は自身の成功体験からそこに生徒を近づけようとするきらいがあり、話がワンパターンになる傾向がある。それは僕自身も常々気をつけないといけないと思っていることだ。怒鳴るのとわかるように叱るのとは全く違う。

前に触れたことと重なるが、なぜ真面目教師ばかりが増えているのだろう。僕個人の考えとしては、教師の行動範囲が学校という小さな枠の中に限られてしまっているからではないかと思う。

早朝出勤して、一日の授業の準備に入る。授業の合間にも雑用はつきものだ。放課後、早く帰りたくても職員会議が長引いたり、テストの準備もしくは採点などで帰宅時間が遅くなることもザラだ。

たまには仲のいい教員同士でどこかで一杯飲んで、ストレス解消の時間もほしくなるが、これも学校の枠内でのことにすぎない。だからこそ僕は、学校だけの世界、学校だけの人間関係にズッポリと浸かってしまうことがないように心掛けてきた。

幸いにも僕にはＪリーグ設立作業と同時に受講できた、ＪＦＡスポーツマネジャーズカレッジ本講座に加え、ＮＰＯ法人「富山スポーツコミュニケーションズ」（ＴＳＣ）の設立作業があった。それによって学校ではまず味わえない企業知識を身につけられた。訪問先の各企業の対応は、まさにお客様が全てであるということ。企業側からして見れば当たり前のことだが、学校という枠の中では、そうした**「サービス」の発想**は生まれづらく、教師と生徒、教師同士の上下関係しかない。

生徒とは「お客様」である

そこで視点を変えて、この企業のサービスの観点を学校に置き換えてみるとどうか。

生徒は年下であり、教師から教えを受ける立場ではあるが、ぞんざいな喋りをしていい相手ではない。丁重な口調で伝えることも時には必要になってくる。

学校にとって生徒が最も大切な存在であるということは、**「生徒＝お客様」**という考え方にも当てはまる。お客様は学校という場所を利用し、勉強を学び、豊富な知識を得る。学校はお客様にとって有意義に過ごせる場所でなければならない。

仮に自分の1カ月分の給料を授業生徒数で割ってみれば、ひとりいくらかの単価が出る。授業に入る時、生徒が「お願いします」といくらかのお金を支払っていると考えた場合、どんな生徒であってもその分を返さなくてはいけない。それができなければ、「お金返せ！」になる。

お客様が授業や部活で満足度を得られるのであれば、その功績は学校への貢献になる。こうしてみると、**学校と教師は生徒に対する「サービス業」**として見えてくるのだ。

「お前なんか、学校を辞めてしまえ！」などと怒鳴り散らすことが、サービスに反することだと気付く。何でもお客様の言う通りとか、求められたものすべてに応えなければならないという極端なことはないとしても、教師はサービス業であり接客業でもある。

だから、時には相手の心を惹きつけるユーモアのセンスや興味深い話題も必要となる。何気ない会話から意気投合できれば、事業に協力して、出資してくれる可能性も高まる。

Jリーグクラブ立ち上げへの活動で企業を相手にしたことから学べたことだ。

企業との交渉の場は、コーヒー一杯の時もあれば、お酒を酌み交わすこともあった。サッカーのゲームと同様、ケースバイケースだ。相手企業が変わることで戦略も変えなくてはならない。

海外移籍した日本人選手を例に考えれば、外国人選手たちばかりの中で、独自のプレースタイルを持ちつつ、モチベーションも失わずに、ポジションを勝ち取らなければならない。一つの小さな枠組みの中で闘っているだけでは、この観点は持ち得ないだろう。

いかに自分を見失わないようにしながら、自分をたっぷりアピールするか。そして相手との距離感を意識しながらゴールへと向かう。まさにマネジメントの発想だ。

だからこそ、**教師も狭い学校以外の場所に出なければダメだ。**外に出なければ絶対に身につかない知識や視点があるということに、教師は早く気づいてほしいし、そのほうが同じ教師の仕事をやっていてもよほど楽しい。

サービス業の感覚を身につけるためにも、企業のかたがた、商店街のかたがたとも会い、世間の声も聞いてみよう。狭い枠組みの中で安住するのではなく、ポジティブな意識と共に飛び出していってほしい。

そうすれば、その時間を得ようとする気持ちが、学校内の無駄な仕事を減らしたり、仕事に優先順位をつけたりすることになり、それぞれが多忙化を解消していく。働き方改革にも必ず向かうはずだ。

「離見の見」という考え方

「なぜ、私の言っていることがわからないんだ？　もっと努力をしなさい」

どこの学校でもあるだろう。教師が生徒に向けて一方的に発言する光景である。

そんな言葉にどんな効果があるんだろう。言われた生徒の表情は浮かない。視線を外し、授業も心ここにあらずだ。教師生活を30年以上続けている僕でも、同じような失敗をしてしまったことは何度もある。

僕たち教師は、児童・生徒の教育のために日夜努力している自負を持つ。しかし、時として、**教師の指導法は独善的なものになっていることに気付くことがある。**

「私の指導は正しい！」

キャリアを積むごとに、頑《かたく》なになってしまっている教師は少なくはない。もしかするとそれは自分だけの思い込みによるものかもしれないと思う複眼がないと、自己満足のような指導に陥ってしまうこともあるのではないか。

必ずしも教師の行いがすべて正しいとは限らない。生徒の主張のほうが理にかなっていることもある。教師はそこに気付き、自分の考えや指導法が間違っていると思ったら、素直に耳を傾けるべきなのである。

常に子どもや保護者から見られているという意識を忘れず、自分自身を省《かえり》みることができなければならない。JFAスポーツマネジャーズカレッジ本講座でチューターを務めた、横山文人氏（亜細亜大学経営学部ホスピタリティ・マネジメント学科准教授）よりマネジャーの資質として講座の中で聞いた言葉がある。

「世阿弥の『花鏡』を忘れてはいけない」

世阿弥とは日本が誇る能楽師だ。『花鏡』は世阿弥がまとめた能楽論の書で、その中に**「観客の見る役者の演技は、離見（客観的に見られた自分の姿）だ」**ということが述べられている。それを**「離見の見」**という。

つまり、役者・演者は3つの視点を意識することが重要なのだ。まず「我見」は、役者・演者自身の視点。次に「離見」は、観客が客席から舞台を見る視点。そして「離見の見」とは、役者・演者が観客の立場となり、自分の見る目が観客の見る目と一致することが重要なのだ、と。

教師が成長し続けるためには、**客観視する力、第三者の目で自己を見つめる必要がある。**「離見の見」を忘れてはいけないと、いつも心掛けている。

NPO立ち上げと3足のワラジ

「現役の体育教師がNPO法人を立ち上げるという話を知っていますか？」

「教師が学校以外での活動をするなんて、怪しくないですか？」

「生徒の勉強や部活動に支障をきたさないのか？」

学校関係者や保護者たちの間で、僕の行動を訝《いぶか》る声は僕の耳にも入ってきた。

前述のNPO「TSC」を立ち上げる直前、僕は雄山高校でサッカー部顧問の監督として指導にあたっていた。さらに、部活のほかにも地元のサッカー愛好家や立山町の協力のもとで開校した「立山フットボールアカデミー」にできたチーム「立山ベアーズ」では、それぞれのカテゴリーである小学生のジュニア、中学生のジュニアユース、高校生のユース、社会人のすべてのコーチをし、僕自身もプレーヤー（キャプテン）として社会人リーグに所属するなど、学校以外での活動もかなり激しくやっていた。16時から18時は部活動。19時から21時は立山ベアーズである。

学校内や保護者たちから「教師の立場で何をやってるんだ」という声が上がるのは当然だっただろう。それでも僕は、大学時代からの夢「我が県にJリーグクラブを」の実現を目指し、休日返上、多少のコストの自腹負担も辞さずに、教師と並行したサッカー関連の活動を進めていた。

その中で、「Jクラブを別の角度から支えることも同時に必ず必要になる」と考えた。さらに、現役教師の立場で校外の活動をさらにしやすくするためには、企業相手の環境整備と拠点を置く法人の必要性を感じた。そこで共感してくれた仲間と共に2005年（平成17年）3月に立ち上げたのが、TSCだ。設立後、僕は理事長を務めることになった。

TSC設立時のミッションは**「クラブライフが心とからだと暮らしを変える」**（2019年に「スポーツが心とからだと暮らしを変える」に改訂）をモットーに、**「する・見る・話す・働く・支える」という喜び**を、子どもからお年寄りまですべての県民が感じることができて、自ら楽しみ、夢を育むことに貢献することだった。

周囲は僕のことを、不思議な人、変人、奇人と呼び、この項の冒頭に記したような異端視をしていたが、そうした雑音は一切気にもとめなかった。ひたすら「Jリーグクラブ構想」実現に邁進するだけだった。

TSCの活動を始める際、Jクラブづくりにご協力をいただいた池森武宣氏に初代TSC会長に就いていただいた。池森氏は「株式会社富山計算センター（現・株式会社インテック）」を経て「株式会社チューリップテレビ」の開局に携わり、同社代表取締役社長に就任した人物である。

池森氏は、ご自身が社会人2年目の1968年（昭和43年）に、富山県下の学童サッカーを普及推進する任意団体「富山サッカー友の会」が創設された時から指導者の一員として参画されている。サッカー分野を中心に、理想的なスポーツライフを富山に根付かせるための活動に尽力され、富山サッカー友の会幹事長、富山県サッカー協会監事などを務めていたため、TSCでの活動においても重要なポストをお願いしたのだ。

さらに重要なポジション、TSCのマネジメントアドバイザーも探した。一般社団法人「とやまライフデザイン研究所」の理事長を務める南木恵一氏の名前が出てきた。南木氏は、民間フィットネスクラブにてスイミングコーチ・マネジャーを歴任。県内、独立リーグ球団の運営、地域スポーツクラブ、プロスポーツのサポートに携わり、公共体育施設のアドバイザーも務めていた。富山県広域スポーツセンター専任マネジャーとして、総合型地域スポーツクラブの普及率を全国1位にした功績を持つ人物だ。

池森会長、南木氏と数名のスタッフで、TSCの活動は始まった。

まずは、サッカースクールを中心にU－12、U－18、35歳以上のシニア、女子、ゴールキーパー、審判養成など、年代、レベル、目的に応じた9つのカテゴリーを設定した。大人向けとして、ヨガ教室も開講し、健康維持、体力増進も掲げると参加数が増えていった。

寝る、食べることと同じく、スポーツを常に身近に置き、文化として根付かせることをモットーに活動していった。

TSCの活動が1年経過すると、会員は約70名に増え、小中高生の参加が多くなっていた。高校生には学校にサッカー部がないとか、部活には入っていても試合に出るチャンスが少ない、部活では上下関係が厳し過ぎるなど入会の理由は様々だったが、会員の小学生が、高校生らのスクールに混じってサッカーボールを蹴って楽しんでいる光景を見て、自分が望むクラブのあり方はこういうことなんだと思った。

共に未来を語る仲間を見つけよう

さらに、スポーツを通じて観光や医療、災害などの課題を解決していくために、**「スポーツコミュニティでとやまの未来を語る会」**(以下、未来を語る会)を発足することにした。もちろん、協力者は決めていた。富山大学人間発達科学部地域スポーツコースの神野賢治講師(現在、准教授)だ。「富山県内プロクラブの連携」という新聞記事で、僕と神野氏が記者からコメントを求められた時、考えと方向性が一致していたことから、機会があれば一緒にと考えていたのである。

神野氏とはその会合が初対面だったのだが、こんな話から始まった。

「実は知り合いの先生から、『佐伯先生は変な教員で面白い男、もしも仕事することがあれば手助けを頼みます』と言われていたんですよ」

すぐに、〝知り合いの先生〟とは前述の横山准教授のことだとわかった。横山氏は、先に述べた、JFAスポーツマネジャーズカレッジ本講座で講義をいただいたかただ。しかも筑波大学の先輩（体育専門学群でなおかつ蹴球部）であることがわかってからは、さらに親しくしていただいていた。

神野氏自身も大学で保健体育を担当する大学教員でもあり、僕も地元の保健体育教師であるから、ビジネスや地域振興までカバーする活動内容を学生たちに伝えてもらいたいという思いがあったそうだ。「未来を語る会」も共に立ち上げることになった。

神野氏は「県内にはたくさんいい取り組みがありますが、うまく共有できていません。富山に役立つ話題を提供していきたいと思います」と決意を表明していただいた。

「未来を語る会」には、医療関係者やジャーナリストなど6名が参加し、県内に点在する医療問題、少子高齢化、観光、災害、子育て支援、産業振興などにおける問題点を取り上げて、スポーツを切り口にした多角的な視点からアイデアを出し合った。

その結果、医療現場のコミュニケーション促進を目指して行った、入院患者のみなさんと医療関係者が院内で一緒にサッカー観戦を行う**「病院ビューイング」**（第4章で詳述する）を開始。また、「未来を語る会」の立ち上げ前から事業展開している、新幹線でカターレ富山戦に訪れる県外サポーターに「富山の食とお酒」を楽しんでもらう**「観戦おもてなしデー」**や、プロ野球独立リーグ・BCリーグ「富山サンダーバーズ」戦などで、イヤフォン付きのレシーバーを使用、専門家によるルールやチームの戦力分析の無料解説を提供するサービスも行うなど、さらに充実させることができた。

他にも2008年より募金箱を設置して寄付金を募り、福祉施設の子どもたちやお年寄りをスポーツ観戦に招待するなど、「未来を語る会」やTSCの活動は次々と実現、持続化していったのである。

高校教師、営業マンになる

ちょっと話が逸《そ》れるが、NPO立ち上げ前の動きについて、もう少し記しておきたい。

2005年6月、Jクラブ誕生への機運が高まる中、富山県サッカー協会は有志の勉強会「Jリーグスタディグループ」(通称Jスタディ)を設立した。

代表者は県サッカー協会の専務理事でもあり、富山工業高校副校長(当時)の貫江和夫氏だった。貫江氏には個人的な思い出がある。僕が高校サッカー選手権富山県予選に出場した時のこと。高体連のサッカー部審判員として準決勝の笛を吹いていただいた。体育教師としても尊敬する大先輩だ。

「佐伯さん、ご存知の通り、県サッカー協会でもJクラブ誕生、加盟にようやく腰を上げた。ぜひ、若い力が欲しい」

「こちらこそ、よろしくお願い致します!」

このころの僕は県サッカー協会の常務理事でもあった。大先輩の言葉に背中を押されたとあればうれしい話だ。当然、二つ返事で受けるしかない。というか、やっと待ち続けたその時が訪れたという気持ちだった。

しかし、僕は現役の体育教師であるし、富山県に籍を置く地方公務員だ。ただでさえ、休暇取得も多かったので、まだこの当時は学校側からの縛りもきつかった。さらに重職が増えるのもはばかるので、Ｊスタディにおいては本業などに支障をきたさぬように「特任理事・Ｊクラブ担当」として、お手伝いすることになったのである。

若手・中堅役員を中心としたＪスタディの活動は、Ｊリーグ加盟に備えた情報収集と分析だった。それまでの県協会も含むサッカー関係者たちは、国民体育大会で県代表チームが勝つことばかりに注力していたため、加盟に向けた調査活動には本腰を入れていなかった。情報などの材料も不足していたし、チーム構想や運営方法など具体的なことは何も決まっていなかったため、Ｊスタディを立ち上げたのだ。

いきなり企業トップに直接会うことは叶わないので、まずはアポイントを入れる。

Ｊスタディのミーティングは週2、3回、各自の仕事が終わってからなので、開始はだいたい午後7時。だから、議論が白熱してしまった時などは、日付が変わるくらいになることもたびたびだ。

日中は学校で教師の仕事、その後、部活が終わってからは、県内企業を回ってＪリーグ加盟のサポートを説いて回った。営業マンを兼任していたようなものだった。

⚽スポーツ全般を楽しむ取り組みをしよう

他県のJクラブの経営状況も調査した。

トップチームは株式、下部組織は複数競技をNPOとして運営する「湘南ベルマーレ」のデータをまずは研究した。次に富山と似た流れを持つ東北電力サッカー部からJに参入した「ベガルタ仙台」（前身はブランメル仙台）におられる、JFAスポーツマネジャーズカレッジ本講座同期生でもある白河広哉氏（当時、総務部長）にもいろいろと相談した。さらに、一般財団法人北陸経済研究所には、富山と似た人口、経済状況にあるJ2の既存クラブの現地調査も依頼したこともあった。

TSCがJリーグ設立機運を高めるための事業として開催していた「Jリーグ観戦ツアー」とも連携し、ご当地のJクラブ視察に行くこともあった。年間観客動員数でJリーグトップクラスだった「アルビレックス新潟」を視察した時のことは印象深い。

4万人のサポーターの熱狂からも、**地域の人々から愛されているクラブ**だということがわかる。会場の空気を生で感じた僕は、すっかり鳥肌が立っていた。

試合後には、中野幸夫株式会社アルビレックス新潟代表取締役社長とクラブ経営について、いろいろとディスカッションする時間をいただくことができた。

「アルビレックスのおかげで新潟県民はひとつになりました。いつか富山との**〝日本海ダービー〟**を実現したい」

と夢を語っていただいた。

Jクラブの存在は県民に強い元気を与える。富山の多くの人々にも、もっとJリーグ加盟の胎動を知ってもらいたい。アルビレックスの成功例を聞くことで、僕は手応えを感じていた。

その年の年末、朗報が飛び込んできた。

JFL所属の富山県勢2チームを運営する北陸電力とYKKAPが、Jスタディの活動に対して統合企業として協力することを表明してくれたのだ。Jリーグクラブ誕生へ向かって、大きな推進力になるのは言うまでもない。

そうした活動が続く中、僕の心の中には、また何か別の希望も湧き起こり始めた。

Jクラブを別の方面から支えることは必ず必要になる――。

そもそもJリーグの理念は**「スポーツで幸せな国へ」**だ。

Jスタディは、Jクラブ誕生へ向けた発信だったが、そこに邁進する僕の情熱を支えていたのは実はもっと簡単なこと。単純にスポーツを楽しみたいという気持ちであることに気づいた。小学生の時には卓球、野球、スキーに親しみ、中学、高校、大学ではサッカーに打ち込んだ。あの時の思いを子どもたちにも味わわせたい。Ｊクラブだけじゃない、スポーツ全般を楽しむための取り組みがあってもいいのではないか。

地域に愛されるクラブの存在に加えて、子どもからお年寄りまでが一緒に楽しめるスポーツ環境をつくろう。膨らんだ思いがやがてＮＰＯ法人「富山スポーツコミュニケーションズ」として結実するに至ったのだ。

年間40日の休暇を堂々と取るには

ＮＰＯ法人化して16年が経過し、僕自身が様々なメディアからお声がけいただく機会も急速に増えてきた。ＮＨＫの取材を受けてテレビに出演した時のことだ。放送翌日の職員室で同僚の教員が急に声を掛けてきた。

「先生、昨日のテレビ見たよ。すごいね」

メディアのおかげで少しずつ認められてきた。その一方で、こんな教師もいただろう。

「ちょっと休み過ぎじゃないのかな？」

こういう人の根っこにあるのは「働かざる者食うべからず」という考え方だ。かつての昭和の時代には、日々汗水垂らして働くことが義務だという風潮があった。教師の僕が休日返上してまで休みを取り、本業とは別のＪクラブ設立活動に精を出している姿は、一部の世代の教員には理解ができなかったとしても不思議ではない。

僕が休暇を取るたびに、押印する管理職の中には理解に苦しむかたもいたと思う。

ところが僕はこれを一顧だにせず、これまでの教員生活30年超の間に、Ｊクラブ設立やＴＳＣの活動のために必要な時には休暇を取り続けてきた（もちろん、学校や生徒に迷惑になるような時間の割き方をしたつもりはない）。きっと**富山県の教員の中でも、休暇取得率はナンバーワン**だったと思う。今の**「働き方改革」**的に言えば、ある意味、評価されてもおかしくはないかもしれない。

時間に対する考え方として、いつも生徒にこんな言葉を伝えている。

「自分の時間は自分で作るもの」

アメリカの政治家、ベンジャミン・フランクリンが言った「時は金なり（Time is money）」を僕なりに解釈したものだ。そのためにまず何が必要か。僕はそれを「自分の強みを持つ」ということと考える。

誰もを納得させられるような強みを見せることができれば、周囲は少しずつ僕のことを認めてくれる。彼らができないこと、嫌がることを僕がやって見せれば、彼らは僕を認めるようになるだろう。そうすればしめたものだ。こちらの主張は通しやすくなる。休暇の申請であっても、学校外の活動に関しても、冷ややかに見られることはかなり回避できて、結果、自分に自由になる時間が手に入る。

「変人教師」を周囲に認めさせる方法

僕のことで具体例を挙げれば、例えば教員の間で、
「素行の悪い生徒は、なぜかあの先生にはついていくよね」
「私は絶対怖くて悪い生徒は指導できなかったけれど、なぜかうまくやっている」
と囁かれるようになることは強みの一つになる。彼らが嫌がる生徒が僕との関係を深めたことによって良い方向に変わっていく姿を見せられれば、さらに良い。**誰もができない、避けて通ってきたことが自分にならできる。これは大きなアイデンティティになった。**

こんなこともあった。学校で大切なのは生徒との対話だけじゃない。教員同士の会話も同じくらい大事だ。教員仲間を楽しませることを忘れてはいけない。

マイクロバスを運転して、2泊3日のスキーツアーを毎年開催したり、行事のごとに「バーベキュー&温泉ツアー」や「お疲れさん会（飲み会）」を企画したりした。

TSCの活動などで県外へ出たときなど、お土産に何か美味しいものを買ってくる。「留守中はご迷惑おかけしました。みなさんでどうぞ！」

また「おもてなし」というほどではないまでも、ちょっとした気遣いや話題づくり、会話の場づくりが奏功することはある。休暇を取るためにしているわけではない。気配りは

とても大切である。その結果、休みやすくはなるものだ。

僕は遊ぶことが大好きだ。**「仕事は楽しく、遊びは真剣に」**と思っている。**遊びには仕事などの利害関係とは異なる自分との駆け引き、他者との駆け引きがある。**その駆け引きを楽しむことで遊びは成立する。サッカーのゲーム中も、いいゲームになればおのずと自分も高まってくる。そこに絶妙な駆け引きがあるからだ。人との出会いの先には必ず駆け引きが生まれる。相手との距離感、自分がどう思われているかの客観視。生徒との関係性にも駆け引きは必要だし、恋愛や結婚なんかも駆け引きの際たるものだろう。

自分の強みを持つことで自分の時間をつくる、その背景にも駆け引きは必要だ。僕の場合、**他の教職員に自分の色を知ってもらうまで、2~3年はかかった。**転勤してきた僕を見た教員たちの第一印象は、よくわからないNPO法人で何やら活動していて、休暇をしょっちゅう取っている変人教師。そんな得体の知れない存在に過ぎなかった僕を認めてもらうには、新たな赴任先での人間関係をつくるための駆け引きがあった。

今では「1週間ほど休むけれど、大丈夫?」と周囲の教員に言っても、「大丈夫ですよ」とすんなり返ってくる。「ああ、NPO活動ね」と理解もいただけているようだ。むろん、休暇前に仕事は片付けておくことは言うまでもないことだけれど。

指導者は50年後、100年後を見よ

TSCの活動が広がっていく中、スポーツの活性化や地域との連携の意義を地元のスポーツ関係者にもっと知ってもらおうと、スポーツを通した講演活動を開始した。

2011年1月には、日本が初の本戦出場を果たしたフランスW杯での日本代表コーチ・小野剛氏を招き、富山市の県民会館で「富山におけるスポーツの役割」と題した講演をしていただいた。小野氏は筑波大学の先輩にあたる。

会場には「カターレ富山」、国内のプロバスケットボールリーグ・Bリーグの「富山グラウジーズ」ほか、県内のスポーツ関係者が集まった。

「遊びとスポーツは同じようなもの。子どもにこそ学べるものはたくさんある」

「富山でもスポーツが一つの絆になり、地域を結んでいけるのではないか」

などといった、非常に興味深い話をいただくことができた。

2015年12月には、日本サッカー協会の田嶋副会長(現・会長)が、富山市の高志会館で「世界を目指す日本サッカー〜スポーツが果たす社会貢献について〜」と題し、スポーツを文化として地域に根付かせ、育成するためのJリーグの取り組みなどをご説明いただいた。

「富山は日本代表やＪリーガーを輩出する富山第一高校やＪ３のカターレ富山があり、恵まれた環境だ」

「指導者は50年後、１００年後を見据えた夢、ビジョンを継続することが大切だ」

会場の参加者は、田嶋氏の言葉に熱心に耳を傾けていた。

講演後、田嶋氏と共に、スポーツ施設設計に詳しい日本サッカー協会スポーツマネジャーズカレッジ講師でプライム建築都市研究所の田辺芳生氏、ＴＳＣからは僕が出席してパネルディスカッションが行われた。

富山の中心部にサッカー競技場をつくる**「まちなかスタジアム構想」**の話題に触れると、田嶋氏の言葉が心に響いた。

「サポーターが見て楽しく、応援して楽しい場所であるべきだ」と。

田嶋氏も、母校・筑波大学蹴球部の大先輩である。プレーをご一緒したことはないが、社会人となり、サッカーを通して語り合えることはとても幸せなことである。

証言4

池森武宣氏

（NPO法人「TSC」名誉会長／富山サッカー友の会幹事長）

僕の中の「体育」のイメージを変えてくれた人

佐伯さんが県サッカー協会のJリーグスタディグループで活動しながら、TSCの設立に向けて奔走している頃に出会いました。私は55歳、佐伯さんは35歳。

佐伯さんが実は現役の体育教師と聞いた時、正直、「体育」という言葉の響きが、軍国主義的な雰囲気と敗戦後の鍛錬のような印象を感じて昔から嫌いだったもので、ちょっと距離を感じていたんです。

ところが、佐伯さんから聞いたJリーグクラブ設立ならびに県民のためのスポーツへの取り組み方は非常にしっかりしていた。

意識の高さと、日本のスポーツの将来を見据えたビジョンをお持ちであることがわかって、一介の体育教師ではないことを理解しました。佐伯さんの存在は、私の中の体育の悪いイメージを払拭してくれたのです。

Jリーグクラブ設立に向けて出資者を求めて各企業を一緒に回ったあの頃が懐かしいですね。

佐伯さんの言葉には強い説得力があります。「真心で伝えられる人だな」と隣で聞きながら感心していたものです。

証言5

安田量氏

(一般社団法人常願寺川公園スポーツクラブクラブマネジャー・事務局)

「論より証拠」を身をもって教えてくれる人

雄山高校サッカー部の先輩から「佐伯先生は指導に情熱を持った人」と聞き、かなり厳しい人だと思っていました。先生は毎日部活に顔を出すわけでもない不思議な存在。昼は教師、夜は社会人クラブ「立山ベアーズ」で選手兼指導者として小中高校生を教えていたから忙しかったんでしょうね。

僕たちと社会人の試合を組んでくれて、先生とも対戦しました。教え方は「論より証拠」型。プレーを通して教えたほうがわかりやすいと考えていましたね。社会人クラブとの交流も、地域づくりの一つかなと何となく感じていました。

僕が高2の8月、学業に専念するため僕は一度退部しました。普通の先生は反対したり引き留めたりするのに、佐伯先生は「サッカーは逃げないから、やりたくなったらいつでも戻って来いよ」と。拍子抜けしました。数カ月後、また戻る気になって、言いづらかったけど、勇気を出して伝えてみたら「いいよ」とあっさり迎えてくれました。

あれから十数年、今は僕が子どもたちにサッカーを教える立場になりました。ある子が当時の僕と同じことを言ってきた。僕は「辞めることは悪いことじゃない。挫折でも何でもない。サッカーがまたやりたくなったら気兼ねせずにおいで」と言いました。その子はまたウチのクラブに戻りました。「佐伯先生と同じだな」って何かうれしく思います。

第3章

無理の壁を突破してきた僕の半生

危うく死にかけた無謀なチャレンジ

この章では教師になるまでの僕の来歴を振り返ってみたい。誰もが無謀と言ったJクラブ立ち上げに邁進できたのは、幼少期から育まれた性分のせいなのだと思っている。

小学生の頃、僕らの移動手段は主に自転車だったのだが、小学3年生まで補助輪を付けることが義務付けられていた。だが僕は**「俺のチャリにこんなもんいらんわ」**と金槌で補助輪の角度を変えて、路面に接触しないようにして快走していた。4〜5人の親友らと自転車を楽しむ遊び場は、市内から少し離れた呉羽山。標高145メートルほどの低山だ。とはいえ、山頂までの林道を30分ほどかけてペダルを漕ぐのだから思った以上に体力がいる。辛くなったところで、ひたすら自転車を歩いて押す。山頂を極めたら今度は下りだ。林道を一斉に駆け降りるチキンレースの始まりだ。

「誰が最初に下まで着くか勝負だ！」「ノーブレーキで一気に攻めるぞ！」

一斉に全自転車が疾風のごとく駆け降りていく。山深い林道を臆せず加速していくのは度胸試しでもあった。カーブに突入する時もお構いなし。気分はオートバイのレーサーだ。

ところが、1台がアクシデントに見舞われた。僕の前を走っていた仲間の1人がノーブレーキでカーブに突っ込んだところ曲がり切れず、**林道を大きく外れて自転車ごと吹っ飛んでいった。**僕の目の前での出来事だった。木々の中の遥か先にガシャーンと大きな音をたててそいつは突っ込んでしまった。奇跡的にも対向車がなく、さらに幸運なことに雑草や低木がクッションとなって、投げ出されたそいつを受けとめてくれた。かすり傷程度で済んだが、今もあの場所を通るたびワクワクすると同時にぞっとする。

⚽冬の富山の危ないホワイトアウト

だが、僕らは懲りなかった。毎年11月頃になると、街から見える立山連峰はうっすらと雪化粧する。初冬の富山を象徴する絶景だ。冬の外遊びはスキー。あれは小学5年生の時だった。仲間と計画を立てて、電車とバスを乗り継いでスキーに行くことになった。

スキー板とストックを抱え、ブーツをリュックに入れて背負い、スキー場最寄りの立山駅へ向かう。僕らのスキーの腕前は子どもにしてはなかなかなものだったと思う。友だちの山野潤君は、大会でいつも優勝していた。到着してから閉場の夕方まで、滑降競技の選手のようにほぼ直滑降でスピードを競い合いながら、コース内外をガンガン滑りまくった。帰りの時間のことなんかすっかり忘れていた。

かなり雪が降る中、リフトが止まるまで滑ろうとして最後のリフトに乗ろうとした時、スキー場の管理員のおじさんが驚いたような顔をして声を掛けてきた。

「坊主たち、まだいたのか！　早よ家に帰らんと、電車は猛吹雪で止まっているぞ！」

たしかに吹雪は収まりそうもない。帰る準備をしているうちに、さらなる猛吹雪に見舞われ、**ホワイトアウト状態**になってしまったのだ。前も後ろも右も左も上も下も、ただただ真っ白。自分たちがどこにいるのかもわからない。しかも、立山駅からの電車も猛吹雪のため、岩峅寺《いわくらじ》駅までの区間も運休となってしまったのだ。

「やべえ！　このまま帰れなくなったらどうする？」「遭難して死んじまう！」

とてもじゃないが、このまま待機して猛吹雪をしのげる状況ではなかった。寒さに凍えながら呆然と大雪を見ていると、ふとアイデアが浮かんだ。

「ここから岩峅寺駅までの道はほとんど下り坂だから、**スキーで漕ぎながら滑っていけるんじゃないか？**」

今考えればバカな発想だが、その時の僕らは、今なら車もあまり走っていないし、積雪も20～30センチはある。車道や脇に積もった雪の上をスキー場の林間コースだと思えばいいんじゃないか。それがみんなで合意した作戦だった。とはいえ、**猛吹雪で視界はほぼゼロ。道路を外れれば最悪は谷底だ。**スキー場から岩峅寺駅までの道のりは約15キロほどあるが、行くしかないだろう。僕らはお互い重い荷物を背負いながら1列になって視界がない中、声を掛け合い滑走を始めた。鼻水はダラダラ垂れてくるし、猛吹雪で息がまともにできない。1時間くらい経つと腕も足も体全体も重たくなって前に進むのも苦しくなってきた。雪の上で休憩するにしても、猛吹雪の中だ。辛くなっても仲間同士で励まし合った。

精魂尽き果てた僕らにようやく岩峅寺駅が見え始めた頃には猛吹雪は去り、雪雲も消えて冬のきれいな夕陽が消える寸前だった。助かったのである。

自転車の一件があったあとだ。さすがにここまでの道中のことは言えない。僕はけろっと何もなかったかのような顔で家のドアを開けた。台所では母が料理をしていた。いい匂いだった。

僕を見た母はすべてわかっているのか、わかっていないのか、いつも通りの対応だ。

「おかえり。お風呂入って来られ（※来なさい）」

日常に戻れたことに僕はほっとした。この日の出来事は、まさに九死に一生だったと思う。この場を借りて告白します、ごめんなさい。ただ、それからも僕の毎日は相変わらずアドベンチャーだった。**無謀だと思っても好奇心の赴くままチャレンジしてしまう。**この性分は今も変わっていない。

ボールは正直だ

学校から帰宅した僕は、サッカーボールを手に外へ飛び出していった。友だちが一緒の時は試合っぽいこともできたが、1人の時も少なくはなかった。そういう時には、自宅近くにある駐車場のコンクリートの壁が僕の遊び相手になった。

サッカーボールや野球ボールは、壁に当てれば、当たった強さに応じた強さやスピードで正直に返ってくる。目標から外れたり、コンクリート壁の凹凸に当たってしまうと、ボールは真っ直ぐに僕の足元には戻ってこず、あらぬ方向へと飛んでいってしまう。

ある日、学校で友だちと遊んだあと、物足りないと思って帰宅した時のことだ。その日はサッカーボールをチョイスし、駐車場の壁の前に僕は向かった。壁打ちをする前に、まずはリフティングをやってみることにした。目標回数を設定してチャレンジしてみるが、何度やってもうまくいかなかった。だんだんイライラしてきた。思わず頭にきてボールに唾を吐き、力まかせに蹴り飛ばした。ボールへの八つ当たりだ。

どこか遠くまで飛ばしてしまおうと思ったのだが、目の前には壁がある。しかも、キックの当たりが良く、見事にジャストミートしてしまった。物凄い勢いでボールは壁に当たり、その勢いのまま、ボールは跳ね返って僕の顔面を直撃したのだ。

「痛ってぇ……！」

避ける余裕もなく、しかも唾を吐きかけたところが顔に当たってしまったのだから、最高に不愉快かつみっともない気持ちになった。

壁に向かって蹴っているうちに、幼い頃の僕の中には新たな学びが生まれていた。ボールはこちらの接し方に合わせ、そのまま返ってくる。無茶苦茶に蹴り飛ばせば、無軌道なバウンドとなって僕に対して攻撃的に戻ってくる。**ボールを人間に置き換えて考えてみるといい。誠実に心を込めた対応をすれば、きっとそれ相応の形でやがて自分に返ってくるだろう。ボールも人も正直なものだ。腹黒いところは一切ない。**

投げたり蹴ったりするボールは自分自身の在り様を映す。だからこそ、あらゆるものに対して丁寧かつ正直でありたい。

子どもの頃から大人になったいまも大切に思い続けている、ボールの壁打ちが教えてくれた思考だ。

そして「壁」はボールを正直に返してくれる、永遠の友だちだ。「人生の壁」も楽しむべきなのである。

なぜ部活は1つしか選べないんだ？

子どもの頃、特に小学生時代のことを書くと、あやまらなければならないことだらけだ。いつもの無茶をする仲間たちとは、いろいろな遊びを楽しんだ。サッカーや鬼ごっこ、野球、卓球。身近にあったスポーツにも手を出したが、やはり興味を魅かれたのは、**大人を困らせるようないたずらや遊び**だった。

50代前半の男性であれば、恐らくみなさん持っていたであろう**銀玉鉄砲**。僕と仲間たちは、近所の交差点近くにあったツツジの植え込みにほふく前進しながら隠れ、銀玉鉄砲を構えた。気分はスナイパーだ。見知らぬ車が赤信号で止まった瞬間、僕らは茂みから飛び出して銀玉鉄砲を車に打ちまくった（ごめんなさい！）。運転手が激怒して追いかけてくると、僕らは蜘蛛の子を散らすように一目散に逃げた。

雪が積もった日には、マンションの屋上から雪玉ボールを眼下を走る車めがけて落とす（本当にごめんなさい!!）。

命中すれば「ヒュー！」などと軽妙に口笛を吹き、誰が一番多く雪玉を当てられるかを競ったものだ。もしかすると、動体視力がかなり養えた……かもしれない。

学年が上がるにつれ、興味の対象はどんどんスポーツのほうに移っていった。サッカーや野球は小学校の校庭を利用したり、公園や空き地を使った。卓球は町内の図書館もある古い児童文化センターで楽しんだ。

⚽3年間試合に出られなくてもいいのか？

中学に進学すれば、部活に所属することになる。富山市立南部中学校に進学した僕は、野球か卓球かサッカー、この3つの部活に入ろうと思い、担任の先生に尋ねた。先生はこう言った。

「所属できる部活は1つだけだ。これは決まりごとだ」

（何で1つだけなんだよ？）僕には理解ができなかった。

渋々、野球部に入ろうと考えて見学した。ところが、部員は全員坊主頭で白装束のような練習着に身を包み、背中にははみ出しそうなほど巨大な名前が書いてある。

（何だこれ？　刑務所の囚人かよ）

野球部特有の変な掛け声を全員が揃って出しているのも癇に障った。

野球は大好きだったが、しぶしぶ野球部入部は断念して、卓球部を見学した。だが、その中学の卓球部は暗い印象で、体育館の隅っ子でカコンカコンとボール打ち当う様子がどうも性に合わず、この部だけに絞るのはちょっと僕には合わなかった。

(やっぱり、サッカー部しかないか)

僕は小学4年生から地元の少年サッカーチームに入団し、ポジションはFW。プレーも楽しかったからサッカー部に入ることは当然考えていたけれど、どうせならいろいろなスポーツをやってみたかったのだ。

6歳年上の兄がいたので、部活のことをいろいろと質問してみた。所属できるのは1つだけということも聞いてはいたのだが、腑に落ちなかった。

サッカー部の練習が厳しいことは、覚悟をしていたから全然つらくはなかった。だが、監督もしくは顧問の先生の考え方として勝ち負けにこだわること、それゆえに戦力にならないと判断されれば、入部しても1度も試合に出ることなく3年間の部活動を終わってしまう部があることには驚かされた。それなのに部活は1つだけを選ばなければならないということが、何より引っかかっていた。

幸いなことに、中学サッカー部の顧問はあまり厳しくもなく、口も出さなかった。

高校へ行ってもやはり部活の兼部は基本許されない。スポーツの強豪校を目指した上での納得入部ならそれでもいいが、スポーツの楽しみ方はそれだけではないだろう。

結局、高校でも僕はサッカー部にだけ所属したのだが、冬は先生に頼んでスキーの大会に参加することができた。

今になって改めて痛感するが、当時の僕の部活への考え方は正論だったと思う。**子どもたちの発育、発達の段階に合わせたスポーツのあり方、社会性を培っていくために、スポーツはどうあるべきかを考えると、1つしかスポーツを選ぶことができないのは、理にかなっていないし、実にもったいないことだ。**

アメリカでは、メジャーリーガーがNBAのバスケットボール選手としてシーズンのオンオフをうまく使い分けながら出場しているケースがある。スポーツを職業としている者でさえそうした活躍の仕方があるというのに、アマチュアスポーツの世界に環境が整っていないことが僕には理解できないし、一抹の寂しさを感じる。

教師の立場から部活動のあり方、考え方を改めたいと常に思っている。

伝説のコワモテ先生に学んだこと

中学校時代のことをもう少し記しておきたい。

入部したサッカー部の部員は約20人。顧問は技術家庭科の教師だったと思うが、彼はおそらくスポーツにはあまり関心がなかったのだろう。練習にはほとんど顔を出さなかった。練習試合の対戦相手にしても、生徒たちが探して直接連絡を取り合っていたのだ。形だけの顧問にすぎず、指導者不在の部活のレベルは強豪校とは雲泥の差だった。

その顧問のことはともかく、当時の僕に強烈な印象与えてくれたのは、ある体育教師だった。その先生の保健の授業がすこぶる面白くて、僕は毎回楽しみにしていた。

その先生の経歴は、国士舘大学・器械体操部出身のバリバリの体育会系。頭はパンチパーマで、見るからにタダモノじゃない。体育実技の服装は定番のジャージ姿だったが、当時、男女別々に分かれて受けていた**保健の授業になると、なぜか三つ揃いの背広でビシッと決めて教室に現れる。**さらに授業内容ときたら、男子生徒が喜ぶ「性」の話ばかり。（こんな話、中学生の前でしていいの⁉）と大喜びしながらざわついた。

しかし、思春期を迎える多くの中学生にとって、きちんとした性知識を学ぶことは極めて大切だ。昭和の時代から今なお、日本の保健の授業で扱う性には、どうしても恥ずかしいというからうしろめたいイメージがつきまとう。先生自身も恥ずかしがって、堂々と語ることを避けようとする傾向があるのがそもそもの問題なのだ。

時に**性風俗**などを例に出しながらの話には賛否があるかもしれないが、当時の僕たちには先生の授業はたまらなく楽しく、むしろ正しい知識を学べた貴重な経験だったと思う。

すべては教師の教え方次第なのだ。生徒の心を鷲摑みにする術《すべ》を、僕はこの体育の先生から学んだと真面目に思っている。

⚽ チンピラをへこませた酒臭い先生

高校進学は県立富山東高校。それなりにサッカー強豪校であり進学校である。入学直後の新入生の歓迎テストでは、**学年405人中404番のブービー賞**だった。サッカー部でも当然、レギュラーへの道は程遠く、どうにかレギュラーポジションを獲得できたのは3年生になってからだった。練習はハンパない走り込みと徹底したシゴキの日々だった。ただ、体育だけはいつも90点以上の好成績を取っていた。

厳しい練習で有名なサッカー部監督の担当はまたも体育で、専門はサッカーではなくラグビー。ラガーマンの屈強な体軀《たいく》だから、どこからどう見てもコワモテの風貌だ。先生が監督をしていたサッカー部は過去にもインターハイ出場を果たすほどで、どんなサッカーの戦術を教えてくれるのだろうかと期待して入部したのだった。

ところが、先生の具体的な指導法はフィジカルでも技術でもメンタルでもなく、昔ながらのスポ根マンガを地で行くような〝根性論派〟。「蹴って走る」という戦争的なサッカーで、ひたすら当たって砕けろみたいなゲリラ戦法だ。

その監督の魅力を目の当たりにしたのは、僕たちサッカー部員20人ほどが強化のため京都遠征をした時のことだ。試合を終えてから部員たちは、フリータイムをもらえて観光に出かけた。集合場所の京都駅の改札口で待っていると、仲間の部員が血相を変えて逃げるように走ってきた。

「おいっ、どうした?」

息を切らせる慌てぶりに何か危険を察知した。

「チンピラとぶつかったら、ライターが落っこちて壊れて、弁償しろって因縁を付けられました。今もこっちに向かってます」

すぐにそのチンピラが追い付いてきた。

「やべえ! 逃げられないぞ……」

いかにもその筋の人間らしい風貌の男に、僕らは睨《にら》まれた。さすがに関西のワル。僕も足がちょっとすくんでいた。そこへ現れたのが、**酔っ払った監督だった。**

「お前らー、どうした?」

監督は赤ら顔だ。

「お前が監督か? 顧問の先公か、あぁっ?」

チンピラが監督に凄み出した。チンピラも監督もなかなかな見た目だ。ヤクザ映画のような光景が突如現れても、ビジネスマン、OLらは足を止めず通り去っていく。

「ライターぐらい子どもじゃあるまいし、自分でしっかり持っとけ! お前みたいなのは話にならん。**親分を呼んでこい!**」

監督のドスのきいた声がチンピラを一瞬で縮み上がらせた。さらに監督はチンピラのニワトリみたいなリーゼント頭を鷲摑みにしたのだ。

「だいたいな、なんじゃあ、このアタマは?」

チンピラはまるでそこらのヤンキー高校生レベルに見えた。

「こんなもん相手にならん。おい、お前ら行くぞ」

監督のあとに続く僕らは、胸を張って改札口に入っていった。

「おい、富山の先公、逃げるのかッ!」

チンピラが改札口の向こうで吠える。別に監督はケンカをしたわけでもない。それでもこの堂々たる振る舞いと度量。高校生の僕は髪の毛ではなく、心をすっかり鷲掴みされてしまった。

⚽「バカヤロウ、1人大瓶1本だ」

先ほどの遠征の話も、ここでの話も、今からちょうど40年も前の話。古き良き時代の話として読んでほしい。

練習が終わったあとにはこんな一幕もあった。

「富山駅前のうまいラーメンを食いに行くが、お前らも行くか？」

「ありがとうございます！」

監督の車に乗り、学生服の部員4名がラーメン屋に入ってカウンターに座る。

「女将さん、5本頼むわ」

「先生、1人でビール5本も飲むんですか？　すごいですね」と監督に尋ねた。すると、

「バカヤロウ、1人大瓶1本飲むんだよ」

「えっ⁉」

部員全員が椅子から転げ落ちそうになった。

監督と僕たちの会話を聞いていた店内のお客さんたちから「あんたたち、いい先生に恵まれたね」と、温かい言葉をかけてくれた。

飲んだビールの味は苦かったが、（すごい先生だなあ。こんな教師になるのも悪くないな）と僕はうっすらと自分の将来のことを思った。

大学進学を目指す時、迷わず体育系を選んだのは、中学、高校での破天荒な体育教師との出会いがあったからなのは間違いない。さすがに、今の時代、同じことはできないけれど、**ああいう男気を見せられる体育教師になりたいものだ**といつも思っている。

生徒の関心を集めるネタ

先ほどのコワモテ先生の教えをそのまま現代の教師がやるわけにもいかないだろうが、その影響を大いに受けた僕は、自分なりの解釈で生徒たちに向き合っている。

これは学校での話だが、例えば僕が生徒を指導する時に、真面目な表情で理路整然と話しかけたところ、生徒の心にはまったく響いていない様子を感じ取った。

(逆のやり方でいくか)

真面目に話をしていてもうまく伝わらなければ、逆に不真面目になればいい。

関心を持たせて振り向かせるには、この手の話題が一番効く。

もちろん、生徒から突っ込まれたついでの成り行きでの話である。

「先生、なんか体だるくってやる気せん」

「お前なぁ、それ、何かのやりすぎじゃないの」

僕はニヤニヤしながら生徒にこそっと**下ネタ**を話す。もちろん、男子生徒が相手だ。すると彼らは、

(えっ?　この人おもしろいこと言う人だな)

と僕を近しく思ってくれる。若者が性に関心を抱くのは当たり前だし、僕は保健体育の先生でもある。下ネタを語ろうとも正しい性の話から逸脱しない頃合いはよく理解している。

「えっ、なに？　先生がそんなこと言っていいの？」

「俺、先生じゃないもん。人間だもん」

この言葉で、生徒との距離感はグッと縮まる。僕に対して関心を持ってくれれば、その先はもともと話そうとしたことにつなげていっても、自然に耳を貸してくれる。この関係づくりが重要だ。

教育委員会や保護者のみなさんがイメージする理想の教師像からすると、あるまじき姿かもしれない。しかし、教師はどちらかというと真面目な人間というイメージを刷り込まれている生徒からすれば、**かけ離れた教師を見せることで驚き、共感するものだ。**

自分自身も肩肘張らず、時には人間・佐伯仁史として生徒に対応するのは、やっている自分も楽しい。千手観音ではないが、あの手この手の引き出しが増えると、より目的が達成しやすくなる。その引き出しの1つが、逆もまた真なり、なのだ。

偏差値38からの筑波大学合格

偏差値38――この言葉の響きを聞くと、思わず笑ってしまう。県立富山東高校に進学後の僕は、前述の通り新入生歓迎テストの成績は405人中404番と、いきなり底を打ってしまった。この時の偏差値がまさにこの数字だ。これほどの成績はこれまで取ったことがなかった。東高校は進学校でもあることから、入学時点ですでに周回遅れのようなところから僕の高校生活は始まったのだった。

この最悪な結果はさすがに堪えたが、インターハイ出場経験がある東高サッカー部でプレーがしたかったからこそ進学したのだから、へし折れているわけにはいかない。成績の悪さを忘れるように、ますますサッカー漬けの日々に邁進していた。

そして3年生、受験の季節がやってきた。中学、高校で出会った体育教師に強烈な衝撃を受けた僕は、彼らと同じ道を歩もうと思い、卒業後の進路を私立大学の体育学部系に定めた。経済学部系を含め、数多く大学を受験したのだが、**全て不合格**だった。落ちるたびに職員室へ報告をしなければならず、これがまた切なかった。「先生、今回もダメでした」と言うと、

「ほら見ろ。夏休みの補習もサボってサッカーばかりやっているからだ」

「勉強もしない奴が大学に受かるわけないやろ！　お前は就職だってないぞ！」

多くの先生から厳しい言葉を浴び続けた。世の中、甘くないぞとでも言いたげに。まあ、実際そうなのだから、こちらとしては反論の余地もない。私立大学の不合格が続き、最終的にとある大学の夜間に合格したものの、最後に残されていたのは、国公立大学用の共通第一次学力試験（現在の共通テスト）だった。進学校の生徒で受けない者はいない。

でも僕は「共通一次は受けません」と言っていた。しかし、担任からは「佐伯、そんなこと言ってるのお前だけなんだよ。頼むから受けてくれ」とお願いされていた。

（そういえば、共通一次試験はマークシート式だったな……受けてみるか……）

すぐに安直な発想が浮かんだ。**答えは6つのうちの1つだとして、6分の1の確率。頭がいい奴ならば正解を見つけようとする。でも成績の悪い僕は6つの中から「これはあり得ない」という不正解を2つほど見つけようとしてみる。となれば、残りの4つのうちの1つが正解だ。4分の1、25%の確率なら当たるかもしれない……。**

さらに、高校3年の時点で僕はそれまで選択していた理系から文系に切り替えることにした。3年生で数学や物理がさっぱりわからないのなら、理系はもうギブアップしたほうがいいと判断したのである。早速、担任の先生に申し出た。

「俺の教員生活で初めてだぞ。この時期にきて理系から文系に変えるなんてのは」

先生はケタケタと笑いながら、「まあ、どっちでもいいぞ」という対応だった。きっと偏差値38という揺るぎない僕のレベルを知っていたからなのだろう。

合格を報告した時の先生の態度が……

そうして迎えた共通一次試験。僕は独自に立てた**「間違い探し式」**で解答にヤマを張りながら、マークシートを塗りつぶしていった。手応えなんか全くなかったが、翌日に新聞に出た試験問題を見ながら自己採点をしてみたところ、共通一次試験の点数は、

「500点ぐらい取ってるわ！　あれっ？　もしかしたらボーダーラインが520点となっている筑波大学体育専門学群なら、行けるのかも」

と淡い期待が膨らんできた。筑波大学の素晴らしいところは、一次試験と二次試験の配点が50パーセントずつ。二次試験は面接と実技で、僕は専門種目はサッカーを、一般種目は器械体操とバレーボールを選んだ。中高生時にいつもバク転、バク宙ができたし、バレーボールも垂直跳びが84センチだったこともあり、楽しんでアタックが打てていたのだ。サッカーはもちろん、実技テストだけは誰よりもいい成績が取れる自信はあった。

その頃、父が東京支社勤務だったので、僕の代わりに合否確認に行ってくれた。

「おい、筑波大学受かってたぞ。よかったな！」と父から一本の電話が入った。

それを聞いて翌日、僕は高校の職員室へ報告に向かった。先生たちは僕を見るなり、

（またどこか落ちたか！）といった冷めた視線を寄越す。

「あの……」

「今度はどこ落ちたの？」

「いえ……合格しました」

「何、どこだ？」

「筑波大学です」

「筑波っ？？？？　え？　えーッ?!」

先生たちが一斉に椅子から立ち上がると、花の蜜に群がる蜂のように僕を囲んだ。

「いやあ、佐伯くん、やればできるじゃないか！」

一番嫌味っぽい先生が握手を求めてきたが、僕は大人げないのはわかっていたが握手は断った。国公立大学合格で、急に調子のいいことを言ってくる先生にはカチンときたのだ。

翌日、廊下を歩いていると校長先生とすれ違った。校長先生は、父の高校時代の担任だった関係で、僕のことを知っていたようだ。

「佐伯くん、９回の裏、逆転満塁サヨナラホームランだったね！」

校長は笑い声を上げた。そう、ずっと負けっぱなしでしたからね。校長先生の率直な感想を聞いて、何だか僕は晴れ晴れとした気持ちになったのだ。

予想もしていなかったが、ここから東高校に、とあるストーリーが生まれた。

翌年、ひとつ下の後輩が全体進路指導を受けた時の資料を見て質問したらしい。

「先生、ミスプリント見つけました」

「どこ？」

「偏差値38のところに、筑波大学合格の印がついています」

「間違いです！　と言いたいのだけど、現実なんだ」

過去、筑波大学体育専門学群には成績トップクラスの数名しか合格していない。その後、**「あの佐伯さんが合格するんなら俺も行けるはず」**となり、学年１００～２００番台でも受験してくるようになった。僕が大学４年の時には、蹴球部１２０人中、富山東高校卒がサッカーの強豪である静岡県内の高校を抜いて一番多かった。サッカー部の後輩が僕も受かるはず！　と思い受験してくるようになったのだ。

ダメな奴ほど与える影響は大きい。ゆえにいい集団、組織にしたければ、ダメな奴ほど大切に育てなくてはいけないのである。

わけあって児童福祉施設に配属

僕の大学の卒業論文のテーマは、「各都道府県の体育・スポーツ行政」だった。各都道府県の「民力指数」とスポーツ施設の普及を比較調査したものである。そこで見つけたのは、小学・中学・高校の校庭の夜間照明設置率についてだった。

今も富山県は、学校の夜間照明設置率が全国上位を誇る。昭和育ちの僕の小学校も校庭には照明が設置されていたほどで、子どもたちや地域の大人にとっては校庭を使える時間が他県より恵まれていたことになる。

幸いにも、中学、高校の体育教員の採用試験は、僕が調べていた内容を活かすことができた。僕はそこで「富山県が今後、スポーツ振興していくために大事なこと」を書いた。手ごたえは十分あった。

大学卒業間近の3月下旬、富山県教育委員会から連絡が入った。

「佐伯さん、内示ですが、砺波学園はどうですか?」

電話の向こうの県職員はやわらかな口調だった。

「それはどこの高校ですか?」

僕は聞いたことがなかったその学校名を問い返した。

「児童福祉施設です」

「福祉？　施設？　いや、僕は、体育教員で合格したんじゃないんですか？」

電話口の職員はきつめな口調でこう返した。

「別に嫌ならいいんですよ。他のかたにご連絡しますから」

採用を取り消すぞみたいな感じを匂わせる言い方に少し気持ちがイラだったが、僕は「わかりました」と渋々返答した。

その後、県教育委員会から僕の教員扱いについての説明があった。あくまで県の職員として児童福祉施設に出向というものだった。裏事情を話すと、教育委員会は、**高校の体育教師として採用したいのだが、僕が得意とするサッカー担当の枠にはまだ空きがない。他の高校で空きが出るまで出向という形をとったため了承してほしい**ということだった。

さらに県教育委員会からは「2年間待ってほしい」という言葉が付け加えられた。

「2年か……」と、思わずため息をついてしまった。

⚽僕の胸元に飛び込んできた女子園児

児童福祉施設に出向が決まってからも、しばらくの間は複雑な心境だった。正直、僕が初めて教員として教鞭をとる学校が知的障害を持つ園児たちの施設であり、日常の生活支援や指導も行うことについての不安はあった。全く想像ができない世界だったからだ。
（俺はまだ教師の経験もなければ、まして障害のある子どもたちと接したこともない。本当に、この俺なんかに務まるのだろうか……）

大学を卒業した昭和62年（1987年）4月1日、初登園、いや初出向として「富山県立砺波学園」の正門をくぐった。濃紺のスーツ、白シャツにワインレッドのネクタイとピッカピッカの革靴。全て新品に身を包み、不安はあったが気合いは十分だ。

施設内の玄関に入ると、指導課の課長さんが出てきた。
「失礼します。佐伯仁史と申します」僕は頭を下げた。
「ようこそ、どうぞスリッパに履き替えてください」

物腰の柔らかな課長さんに促されて靴を脱いだ。長い廊下の先には、10代前半頃の女の子が体を丸めるような姿勢で、ニヤニヤしながら窓から外を眺めているのが視界に入った。どうしても気になってしまい、チラチラ見てしまう。

（園児さん……かな？）

ふと、こちらを見た女の子と目が合った。その瞬間、女の子はニヤリと笑うと、僕に向かって突然走ってきた。下半身に重複障害があるのか、バランスを崩しながら迫ってくる。

（え!?　ど、どうしたっていうんだ？）

それでも課長さんの手前、逃げだすわけにもいかず、棒立ちになっていると、グングンと女の子が迫りながら、両手を広げて僕の胸元に飛び込んできた。

（ちょっと、ちょっと何が起きたんだ!?）

自分の胸元を見ると、**その子が満面の笑みを浮かべて僕のシャツに顔を埋めている。**女の子の顔を覗くと、よだれがネクタイにべったりついていた。

（うわっ）と声には出さなかったが、きっと固まってしまっていたのだと思う。そばにいた課長さんが小声を上げて笑っていた。あの子なりの歓迎だったことは、あとになって知った。

勤務初日の出来事の経験は、（俺、ここで務まるかな～）だった。配属が決まった時の不安は、出向前に比べるとさらに膨んでいたことだけは実感していたのだった。

障害を抱えた子どもたちに学ぶ

児童福祉施設・砺波学園に赴任したばかりの1、2カ月間はすべてが初めての経験であり、戸惑いと驚きの連日だった。高校、大学のサッカー部の練習のおかげで体力には自信があったが、障害を抱えた園児たちと初めて向き合うことは、僕にとってはこれまでにない衝撃で、予想以上に消耗した。

学園の1日は、午前、午後、夕方〜夜の3つの時間帯に分かれている。僕が受け持つ主な園児は知的障害を持つ高校生年代。支援学校高等部に行けないため、学園で勉強や運動、作業などを教えていたのだ。

小中高の園児たちの大半が施設に入所して寝泊まりしているため、入浴や着替えは福祉指導員が担当する。僕も高校生のみならず小学生、中学生のお風呂の入浴指導をしていた。

入浴は夕方で、僕は男子園児を担当した。**服を脱がすところから戦争は始まる。**声を上げ、はしゃいで逃げ回る生徒を追いかけて、入浴を促す。浴場に入れば今度はスポンジに石鹸をつけて全身をゴシゴシ。股間に汚れがべったりついていることだってある。湯船に浸かる前にすべて洗い流してあげなければならない。小学生から高校生までが一緒だから、実に賑やかな入浴時間だ。

僕も一緒に湯船に入るのだが、何やら茶色い物体がプカプカと浮かんでいるのに気づいた。

（これはもしかして！）

ご想像の通りだ。慌ててちりとりを使ってすくいとるのだが、すくえたのも束の間、**その物体はハレー彗星のごとく散ってしまうのだ。**汚れた浴槽のお湯はすべて抜いてすぐさま洗浄タイムに突入し再度湯を張る。

「健常者の子とちっとも変わらないんです」

赴任から1カ月ほどが過ぎたあたりだろうか。ふと、ある言葉が脳裏をよぎった。

（お前は体育教師になりたかったんだろう。今、何をしているのだ?）

それでもトレーニングだけは怠ってはいけないと思っていたので、天気の良い日は、トライアスロン用の自転車で砺波学園までの道のり約30キロを走った。もちろん帰り道も自転車になる。

あの頃は大好きな体力トレーニングで仕事の不安を払拭していたのかもしれない。

そんな葛藤を続けていたある日、園長から声をかけられた。

「佐伯先生、ちょっとお話ししたいことがあるのですが、よろしいですか」

「あっ、はい。園長、何でしょうか」

僕らは、小さな応接間で向き合った。

「障害を抱えた園児たちは、健常者とちっとも変わらないんです。あの子たちは毎日、一生懸命生きているんです」

園長は僕がどのような心境でいるのかわかっていたのだろう。温かな眼差しと短い言葉で何を伝えたかったのか、僕は理解し、園児たちを見る自分の目がいかに曇っていたのかに気づかされた。**健常者の子であれ障害を持った子たちであれ、教師として向き合うことには何も変わりはないんだ。**園児たちへの申し訳ない思いと共に、園長の言葉は僕の心に突き刺さった。

3カ月目に入ると、精神面がよりタフになっている自分にも気づき始めていた。むしろ、園児たちと接する時間がますます面白くなってきた。教師は接してナンボの世界だ。

園児たちと一緒に農場で野菜作りもやったし、彫刻刀を使った版画によるカレンダーづくりもした。畑での芋掘りはちょっとしたイベントのようで大いに盛り上がった。ソフトボール投げもたった1メートルを投げただけで、はしゃいで喜ぶ。全身で楽しんでいることを僕に見せてくれる。大声を出して怒り出したり、泣き出す園児もいたが、僕は彼らたちに真剣に言葉をかけた。時にはヨダレまみれになるスキンシップも大切に心がけた。

砺波学園に勤務して2年目の終わり、再び園長から声をかけられた。

「佐伯先生、この学園に赴任されてから2年が経ちましたね。園児たちからも大人気ですし、そろそろ教職を辞めて、こちらで県職員として勤めてみませんか？」

僕自身も学園の子どもたちにすっかり〝情〟が移っていた。もしも障害を持つ子どもたちと出会えていなかったら、僕はきっともっとつまらない教師になっていたかもしれない。初の赴任先が砺波学園だったことを誇りに思う。

園長からの誘いに後ろ髪を引かれたが、僕にはやらなきゃいけないことがある。Ｊクラブづくりだ。丁寧に断った。そして教育委員会からは新たな辞令が届いた。

24歳になった僕の赴任先は、全日制高校富山県立雄山高校と決まったのだった。

家庭とJクラブ設立の狭間で

あまり積極的に話してきたことではないが、僕はバツイチだ。最初の結婚で、長女と長男の2人の子どもを授かった。

その頃の僕は、本業の体育教師をしながらも、課外や休日には、部活動とクラブに加え、Jリーグクラブ設立を目指して活動する、多忙な日々を送っていた。新婚時代、その後の子育てが大変な時期、**もっと家庭を大切にしなければならなかったのだが、それらのことで頭がいっぱいになって、家のことをないがしろにしていたことは否定できない。**かつての妻からすれば、もっと娘や息子との時間を大切にしてほしかったのだろうし、自腹を切ってまでクラブのため、部活の子どもたちのために動き回ることにも複雑な思いはあっただろう。そうした考え方の違い、すれ違いなどが重なり、結婚生活に終止符を打つことになってしまった。

成人した長女、長男とは今でも酒を酌み交わす。反面教師として僕のことから学ぶことも多かっただろう。でも、長男はどうやら僕と同じく体育教師を目指しているようだ。これはうれしかった。いつの日か正式採用されることを願うばかりだ。

現在の僕は、新たな家庭を築き、幸せな生活を送っている。再婚した妻との出会いはサッカー仲間を介してであり、彼女は僕がJクラブを立ち上げるためにTSCの活動に奔走していることを知っていた。**地元のタウン誌に僕のことが記事になって掲載され、表紙にドアップで載っていた号も見ていてくれたようだ。**彼女も離婚経験があり、女手ひとつで2人の娘を育てていた。

今は家族4人でひとつ屋根の下で暮らしている。娘たちは生徒たちとそれほど変わらない年齢だが、やはり親子となると、学校で女子生徒たちと接するような具合にはなかなかいかないものだ。娘たちもそういう年頃なのだろう。

TSCの活動は現在も続いているが、かつてのようなことを繰り返すつもりはない。Jクラブ立ち上げに成功した今は、夢はますます膨らみ多忙ではあるけれど、あの当時よりも緩やかな時間が流れている。楽しくも辛い毎日で、体調を崩しかけた時もあったけど、僕は救われたんだなと思う。

証言6

南木恵一氏

（一般社団法人とやまライフデザイン研究所理事長）

民間的な視点を持っている不思議な教員

かつて文科省施策で総合型スポーツクラブの育成事業があり、それを支援する広域スポーツセンターに出向をしていた時に佐伯さんと出会いました。人を介してだったのですが、Jリーグクラブ設立に動くためのＮＰＯ法人化について相談を受けたのです。

学校の部活でもないのに、教師の佐伯さんは燃えていた。初対面の印象は、おもしろくて変わっている、不思議な教員。こういう先生には初めて会いましたよ。

サッカー界でも異端児だと思いますね。一般的にスポーツを支えている人は、教員や競技者が多く、スポーツマネジメントみたいな発想はあまり持っていないんです。発想が古くなりがちで、自分のテリトリー以上のことまで気持ちが届いていないのかもしれないけれど、地域とクラブのあり方などを伝えてもわかってもらえないこともありました。でも佐伯さんはそれも熟知していて、パートナーとしての3年間は非常にやりやすかった。

おもしろいなと思ったのは教師だけど民間的な視点を持っていたこと。県サッカー協会も公務員ですから、プレゼンしてお金を集めたりなどの営業経験はほぼないでしょうけれど、佐伯さんは情報分析やスポンサーのメリットは何かなどの説明も勘所が鋭かった。私たちが取り組んできた仕事と佐伯さんが描くビジョンの方向性も一致していたので、ＴＳＣにも個人的に入ってアドバイザーとしてお手伝いすることになったのです。

証言7

神野賢治氏

（富山大学人間発達科学部地域スポーツコース准教授）

大学生に教えてくれたトライ＆エラーの意味

佐伯先生は現役の体育教師ですが、競技スポーツ一辺倒ではなく、スポーツと人、地域の関わり方を広げていくための場をつくることができる人。部活動のみならず、地域のためにも汗をかくことができる人だと思いました。

教師とＴＳＣ理事長の二足のワラジをこなしつつ、実務や発想としては経営者的な部分も持っておられる。ＴＳＣの企画の１つ「スポーツ観戦おもてなし事業」で行っていた、サッカー観戦に来たアウェイのお客さんたちを試合後に富山での飲食に導く活動等、非常に興味を持ちました。スポーツと社会の結びつきを学ぶ学生たちのフィールドワークとしてこの催しを経験させたいと思って、佐伯先生に協力をお願いしたところ快諾していただき、学生と一緒に参加させてもらったのがご縁の始まりです。

「学生のうちはトライ＆エラーを繰り返すことが大切。まずは実行してみること。失敗を恐れずに自ら動くことこそ意義がある」

ということを学生たちに身をもって教えてくれました。僕は日頃からスポーツ専攻の学生に教鞭をとっていますが、スポーツがそれ以外の産業や地域社会とつながっていくことの楽しさを実感したようです。スポーツマネジメント、事業展開など、佐伯さんは学生たちに生きた授業を間近で提供してくれた。とても感謝をしています。

第4章

地方にこそビジネスチャンスあり！

クラブはカターレ富山になったが……

Jリーグクラブ設立を目指して動き始めてから、現在で32年が経った。

本当にいろいろな出来事があった。Jリーグ誕生に先駆けて富山県内でいち早く参入を目指して動き出したものの、当時の県サッカー協会は首を縦に振らなかったし、周囲の理解もなかなか得られなかった。だが、それも今となっては必要な障壁だったと思う。困難さを感じるほどに、故郷・富山への気持ち、Jリーグクラブへの想いは膨らんでいったからだ。

23年前、僕は東京都国体少年選抜の海外遠征で随行員としてオランダを訪れ、現地のサッカー2部、3部リーグを視察した。**小さなクラブだったがどこも黒字経営で、地域密着型のクラブとして地元のファンからもとても愛される存在だった。**

こんなクラブを作りたい、という思いを持ち続けていた。

しかし、2000年の富山国体、日韓共催サッカーW杯のキャンプ地受け入れなどもあったことから、クラブ設立のための調査研究が思うようにできなかった時期もあった。

そこで僕を含む5人で発足したのが、前述のJスタディグループだった。僕らにとって

Ｊリーグ参戦は悲願ではあったが、あくまでも通過点だ。最終的には、欧州で見たような小さいけれど地域密着型のクラブをつくりあげたい。地域の子どもからお年寄りまでがスポーツを愛して楽しめる環境づくり。ＮＰＯ法人ＴＳＣの設立には、そんな夢が込められている。

２０１５年、ＪＦＬ所属のアローズ北陸（北陸電力）とＹＫＫ ＡＰサッカー部の両チームが統合し、将来のＪリーグクラブ・カターレ富山誕生への道筋をつくることができた。カターレがＪ２に参入したこともたまらなくうれしかったし、夢の結実に向かっていることを確信した。ただ、その後のカターレの成績は低迷していると共に、当初思い描いていたような地域密着とは少し乖離《かいり》があるように思えてならない。

試合当日、ホームタウンでの開催だというのに、駅周辺やまちなかでのユニフォーム姿のサポーターを見かけることが少ない。地域とＪリーグクラブの間には温度差があるのだろうか。

地域社会と一体となってサッカーの普及、振興に努力することはクラブには当然求められる。さらには、**地域に点在する課題をスポーツで解決していくこともクラブの価値を高めていくことになる。**

Ｊリーグ加盟が叶った時点からＪスタディの活動はなくなり、現在の僕はカターレの正式な役職を受けているわけではないが、いちファンにとどまらず、協力する姿勢を惜しまずに必要な意見は言うつもりだ。

まさに産みの親の心境である。

この章では、地域密着の意味、地方を活性化することについて、これまで行ってきた方法や僕なりの考えを記していきたいと思う。

地域トップたちを前に自説を語る

カターレ富山がJリーグに参入した直後の出来事だった。

「プロスポーツの必要性を、企業のトップたちに伝えたいものですね」

僕が理事を務めるTSC初代会長の池森武宣氏と、今後の活動について話し合いをしていると、池森氏の口から、

「佐伯さん、私が会員になっている富山西ロータリークラブ例会の卓話で、プロスポーツの必要性を話してみてはどうだろうか？」

「えっ？　ロータリークラブの卓話ですか？」

ロータリークラブと言うと、地域の名士、リーダー格のかたがたの集まりだ。一瞬ビビッてしまったが、カターレ富山やTSCへの出資者のメンバーも多い。彼らの前で、どれだけプロスポーツが必要なのかを伝えるべきではないかと考え、チャンスを与えてくれたのだと捉えた。

会場には、元株式会社インテック会長、元富山経済同友会代表幹事の中尾哲雄氏をはじめ、地元経済界の重鎮たちが顔を揃えていた。企業人の前で話すのは初めての経験だ。教

壇で話すのとはわけが違う。強烈なプレッシャーに襲われた。

だが、そこから救ってくれたのもサッカーの力だった。これまでにもたびたび触れたが、当時、日本サッカー協会では「ＪＦＡスポーツマネジャーズカレッジ」という1年間を通して約30日間、延べ１５０時間も学ぶ講座があり、僕はそれを受講していた。そこでスポーツマネジメントに関するプレゼンテーションのスキルを学んでいたことが生かされた。

30分間の卓話を終えたあとだった。

「スピーチはこういう場ではなかなか聞けない話で、珍しくて面白かった。同じスポーツ関係者でも、監督だと指導法とかになるけれど、佐伯さんは、地元でのプロスポーツの必要性を唱えた。会員には新鮮で、興味を抱いたと思いますよ」

池森さんは、参加者の感想をまとめて僕に伝えてくれたのだ。

多くの反響があったことを聞き、胸を撫で下ろした。

地域の要人たちも新鮮さを求めている。共鳴してもらえることがわかったことを非常に心強く思ったのだ。

欧州クラブと街のつながりを見て

1998年3月、東京都国体サッカー少年選抜の随行員としてオランダを訪れた時のことを、もう少し記させていただく。現地では2部、3部リーグの小さなサッカークラブを見学したのだが、クラブのほとんどは黒字経営だという話を聞き、自分が理想とするクラブとして、ぜひ参考にしたいと思った。

オランダを経て、次は単身でイタリアのクラブを視察した。欧州のサッカークラブがどのように地域とつながっているのか、興味は尽きなかった。地域とクラブの間にあるのは、サッカーだけのつながりではないという。互いにどのような利用価値を見ているのだろう。自分の目で確かめたくて、またも学校には有給休暇を申請して現地へ飛んだのだ。

クラブ関係者に協力を得て、できる限りサッカーだけじゃなく子どもから年配までが利用しているクラブを選んで訪れた。

ある小さなクラブのラウンジでは、飲食からビリヤード、ダーツなどまで幅広く楽しめる。子どもからお年寄りまでが施設を利用しつつ、**自由かつ気軽な団欒《だんらん》のような光景は、まるでひとつの家族のようにも見えた。**まさに、家族や親しい友人同士が、**気晴らし＝ス**

ポーツという一つの共通の話題で会話を楽しむ姿だった。

（みんな、スポーツを愛しているんだな）

僕はラウンジの片隅でビールを飲みながら、羨望の眼差しで眺めていた。

さらに驚かされたのは、各クラブの資産運用面は、クラブの会員自らが決めるのだという。クラブハウスの時間利用、料金制度などの細かいシステムについても、会員たちが議論をして取り決めているというのだ。**クラブを自分の場所として捉え、自分ごととしてクラブ運営に参加している。**まさに僕が目指すクラブの理想形があったのだ。

⚽スポーツ選手へのおもてなしの精神

ヨーロッパ訪問の際、海外のサッカークラブと街とのつながりについてのデータは、とある教職の大先輩からの情報が役立っていた。

日本サッカー協会は毎年、全国高等学校サッカー選手権で活躍した代表選手たちによる選抜チームを組み、ヨーロッパ（スイス・ドイツ）のクラブユースの選手らと対外試合を行っていた。つまり、日本サッカー協会から将来、プロサッカー選手を目指すユース世代への刺激と見聞を広げるのが目的だ。

その選抜チームを引率していたのは当時、「全国高等学校体育連盟サッカー専門部」で総務を務めていた、これまでにも何度も登場している貫江和夫氏だった。

ある日、貫江氏とサッカー談義をしていた時だ。高校選抜チームのヨーロッパ遠征を引率されていた時の話は、現地のクラブと地域のつながりを知る貴重な内容だった。

「佐伯先生、**ヨーロッパの人たちは地元で何かしらのスポーツイベントがあると、ボランティアで参加するのが当然と考えている。同じようにサッカークラブを支えるのは地元の人だという認識がある。**国外から来る代表選手たちへのおもてなしにも驚かされましたよ」

「おもてなし、ですか？」

僕は興味津々に質問した。

「地元サッカークラブのファンはもちろん、**地位が高い立場のかたが率先して動くのが当たり前でね。支援活動に参加しない人は『人間的にどうなんだ？』と言われてしまうんです。**それがヨーロッパにおけるクラブと地域とのつながりなんですね。あのような素晴らしい環境は初めて体験しましたよ」

貫江氏の目は輝いていた。

⚽ 警察署長自ら選手を先導する文化

さらに面白いエピソードも聞くことができた。

日本高校選抜チームはスイスで合宿を行った。選手たちはサイクリングコースやビーチバレーコートも自由に使え、フルコートのサッカー場が10面分ある広大な敷地があることにも驚かされたそうだ。その合宿所から大会会場のあるドイツまではバスで移動するのだが、出発前になって急に、地元の警察が合宿所に現れた。

「一体、何事だ？　事件でも起きたのか？」

合宿所前に集結するパトカーや制服警官たちの様子に、みなさんは戸惑ったそうだが、どうやら合宿所から会場までパトカーが先導するというのだ。

貫江氏が陣頭指揮をとっている制服警官に話しかけると、その警官が言うには、

「私は警察署長です」

とのこと。地元警察トップが現場におりてくるなんて、日本ではあり得ないことだ。

また地元の人々はボランティア精神に溢れていて、貫江氏たちは全面的に協力する姿に感動を覚えたそうだ。人々のスポーツへの愛情は話を聞いているだけでも胸に響いた。

「国外からきた代表選手に対して敬意をもって接するのは、国柄ですよ。お世話させてい

ただくのは当たり前のことです」

先ほどの警察署長は胸を張って言ったそうだ。

試合の運営も日本とは異なっていた。審判は年配者が一人でホイッスルを吹き、ゲームをコントロールする。副審はいなかった。オフサイドの指摘があっても、選手は審判に文句を言って食い下がろうとはしない。そんなことより直ちに次のプレーに備える。選手たちが、スポーツマンシップの獲得に加え、安心と信頼を感じながら試合に臨める環境だ。審判への畏敬の念を常に持つとは素晴らしい。

「日本では考えられませんね」

思わずつぶやいていた。

「日本はまだまだ追いつけませんが、ぜひ参考にしなければなりませんね」

そんな貫江氏から得た現地の情報も、僕のヨーロッパ視察では大いに役立った。

現地スタジアムに目を移してみると、サポーターたちの熱狂ぶりは凄まじかった。

(日本でもこんなふうになれば、Jクラブはどれほど盛り上がるだろうか……)

としみじみ感じたものだ。

僕らがJリーグクラブ設立で動き出す時には、貫江氏はすでに富山県サッカー協会で専務理事を務めておられた。当時の日本サッカー協会は、全国47都道府県の各サッカー協会に対して法人化への方向性を打ち出していた。

富山県サッカー協会は、Ｊリーグを目指すには貫江氏のような観点と経験を持つ人材を求めた。ヨーロッパのサッカークラブがいかに地域に根付き、不可欠な関係になっているか。その大切さと実態を知っていると共に鋭い感覚がないといけない、貫江氏はまさにうってつけの存在だった。

現場を知らなければ、物語は何も始まらないのだ。

東京型の成功を求めてはいけない

「ファンを増やすだけでは、ビジネスは広がらないのではないでしょうか？」

僕がスポーツマネジメントの講師として受講生と接している中で、こんな質問が出たことがある。

その通りだ。増やすことができたファンを有機的に活用するには、地域社会の特性を把握していなければならない。そしてその地域社会には様々な課題があるものだ。

富山などの地方都市が陥りがちなことなのだが、どうも東京というものを成功のゴールと考えているフシがあるのではないか。

文化、人のつながり、社会のあり方、空気感、すべてにおいて東京は特殊な存在だ。東京のようになっていくことが発展であり、理想の形と考えていては、地域が本来持っている魅力を見失い、無駄にしてしまうだろう。

確かに高度経済成長期においては、モノの消費、利便性などが幸せの尺度のようになっていた。しかし、これからは都会にあるものを地方が求める志向でビジネスを考えてはダメだ。

その地域に根差し、日々の生活をおくる人々にとって何が喜びなのか。その土地ならではの課題や魅力は何かを知り、実情を把握していかねば、地域が本当に求めていることは見えてこない。

少子化、高齢化社会を迎え、若者が県外に出ていってしまうという地方に共通する課題がある。若年層が少なくなり、高齢者が増えていけば、社会保障費が跳ね上がるなど地方の財政はますます逼迫《ひっぱく》していく。

ただ、人口の減少が国家的な問題である以上、世の中の構造自体が変わっていくことになるのは必定だ。僕はこの大変革期をむしろチャンスだと考えたい。

持続可能な社会が行政のスローガンとなっている。そのためには、これまでのように常に右肩上がりの成長がないと立ち行かない社会ではないものに変わらなければならない。**新型コロナウイルスの感染拡大以来、都会から地方で生きることへ目が向けられている今、都会、東京のあり方はそんな旧来の社会のあり方の象徴的なものだろう。**

地方こそ東京に先駆けて変わらなければならないし、いち早く効率や市場原理の呪縛から離れた、本質的な幸せとは何かを考えるべきだ。その地域社会に沿った価値観というものは必ずある。これまでの価値観からの転換、見直しをしなければならないのだ。

その先鞭として、僕はスポーツビジネスを機能させたいと思う。**これまでのように国や**

行政に何でもかんでも任せるのではなく、地域のことはすべて自分ごとであると受け止めて、地域での手づくりで行う姿勢が大切なのだ。

そのためにもコミュニティとしての関わりを再構築したい。人々がつながり、関わり合うことで連帯意識は醸成されていく。そこに地域ならではのビジネスの面白みが広がっていくはずだ。

地域の課題は自分のことなんだ

幼少の僕が過ごした昭和の時代、富山県は雪が降ると、あっという間に豪雪の銀世界地になることが多かった。

県内のあらゆる公共機関はストップし、幼稚園から大学まで休校になるなど、雪の影響力が非常に大きかった記憶がある。

県内でもとくに黒部の立山室堂平（標高２４５０メートル）は、世界有数の豪雪地帯だ。道路を除雪してできる高さ20メートル超の雪の壁「雪の大谷」をご存知の人も少なくはないだろう。

富山市内は例年、それほど雪が積もるわけではないが、２０２１年（令和３年）は雪の当たり年で、この本を書いている2月末時点でも、積雪は50センチを超えている。小中高の授業は休校になることも多かった。

僕の幼い頃の話を少しさせていただく。

子どもたちは大雪が降ると、雪だるまをつくったり、田んぼや公園の斜面でそり遊びやスキーを楽しむ。連日、降り続ける時の雪は東京とはケタ違いで、翌日には降り積もった雪がカチンカチンに凍って、交通から生活全般に支障をきたすほどだ。

雪が降り続けば、大人たちは毎日雪かき（除雪作業のこと）をしなければならない。子どもたちもその手伝いをするのが日課だった。

そんな冬のある日、我が家も総出で、自宅前や周辺の道路の雪かきをしていた。隣家のおじさんたちも、身をかがめてスコップを握りしめ、汗をかきながら雪を掘っては溝に落とす作業を繰り返していた。その家の子どもたちも外に出てきて、同じようにスコップで雪かきを手伝っていた。

隣家のおじさんは、僕の姿を見つけると大声で呼んだ。

「仁史、この雪をマンホールに落としてきてくれんか」（※昔は、マンホールのふたを開け、そこに雪を捨てていた。今は禁止されている）

「はーい」

自分の家の子どもじゃないのに、何か用事があれば、遠慮などなくすぐに声が掛かる。道路という共有スペースでの雪かきなのだから、**隣近所は共に力を出し合って作業にあたるのが、この地域では当たり前なのだ。**大雪の日は誰もが役割を与えられて、分担して事にあたる。

改めて考えてみると、これはご近所だからというだけの理由ではない。代々の関係を持つ**地縁型コミュニティ**が、この頃はまだ機能していたように思う。

⚽「向こう三軒両隣」という教え

近所のおじさんは、雪かきを手伝った僕たちにみかんや餅をくれた。

ちょっとしたものでもご褒美は、子どもにとってうれしいものだ。

「ありがとう」

また、父親が自分よりはるかに大量な雪をかき出しているのを見たりすれば、（父さんはすごく力があるんだな）という気づきもあった。

父親やおじさんたちからスコップの持ち方や扱い方を教えてもらったりして、学校とは違う社会勉強の場にもなった気がする。地域とのつながりによって育まれた経験が僕にはあった。

「向こう三軒両隣だ」

雪かきは翌日に全身が筋肉痛になるほど大変な作業だけれど、それは自分の家のためだけでなく、真向かいの3軒、左右の2軒の家の分もするものだと、僕は教えられてきた。そうすることで地域社会とつながることの意味を、自然に身につけていったのだと思う。

今の時代は、それらを封建社会としてとらえ、個人主義に走り、全ては自己責任であり、隣近所の付き合いも、この富山のまちでさえ薄れてしまっている気がする。目が合っても会釈すらしない人々もいる。

僕は、かつて自分が経験した地域のつながりを再び取り戻したい。

自分だけが良ければと思う風潮が広がっているのであれば、地域のことも自分自身のことなのだと思わせることができるように。

2021年、今回の大雪では、ご近所同士が声を掛け合い、助け合っているシーンが増えていた。「脅威」である雪は、コミュニティづくりの「機会」になったのだ。

自ら考えて動けばやりがいが生まれる

僕は**1日24時間の使い方について、サッカーの試合に置き換えて考えている。**細かく面倒な仕事も試合中だと置き換えれば、忙しいとか大変だとか、弱音を吐かずにいられる。

TSCでの仕事を例に挙げれば、行政の各部局、民間企業の各部署の人たちと関わり合う。お互いがプランを出し、意見交換しながらゴールを目指すわけだが、まさに試合と同じだ。役割を分担したそれぞれのポジションの選手が共通の戦術を使いながらも、個々に頭脳プレーを行い、勝利に導いていく。

サッカーの試合中、プレーヤーはかなりの速度で思考を回転させている。運動量や運動の質はその思考の結果として現れる。これは僕だけのことなのかどうかはわからないが、**たくさん考えて動いているときほど疲れない。つまり、結論を求めてひたすら動きまくるよりも、豊富なアイデアを出しながら動いたほうが疲れが先に来ないのだ。**

昭和のサッカー日本代表が勝てなかった理由も、それだと思う。とにかく走力と技術が優れていれば勝てるという、軍隊的な感覚から脱することができなかったのではないか。

僕自身のプレースタイルにも高校時代までは似た部分はあった。しかし、筑波大学蹴球部では、状況に応じて考え、ベストな答えを常に出しておかないと、高いプレッシャーの中ではすぐにボールを失ってしまう。この遊び感覚に近いスタイルは僕にフィットして試合が楽しくなっていった。

その体験が、僕をアイデアマンにしてくれたのだと思う。数々のアイデアを出すことで結果が出るようになれば、仕事はさらに楽しくなっていく。まさにプラスの連鎖だ。

仕事について、しなければいけない、させられているという捉え方で向き合っているうちは、どんな壁に突き当たっても、ただただつらいとしか思えないだろう。すると、仕事に対して、やりがいがないと思い始め、負の連鎖が始まっていく。

サッカーの試合にたとえてみる。「お前は走りが少ないぞ」と、監督が選手に進言したとしよう。選手は「はい、わかりました」と指示だけに沿ったとしても、ひたすら走っているだけでは試合は絶対に楽しめない。

走るということは決まっている。ただ、それは何のためにすることなのか。どこをどう走ればプラスになるのか。考える時間さえも無駄だと言って、ひたすら全速力で走ることを強要されていてはやりがいは見つからない。むしろ、ちょっと止まって考えてまた走るくらいのほうがいい。**自分が積極的に考えて動き出せば、ただ動くよりも良い結果が得られる。**これもサッカーから学んだことである。

地域が喜べばチャンスは生まれる

スポーツって何だろう?

大学時代に体育教師になることに照準を定めた頃から、たびたび考えていたことだ。現在の僕の答えは、私の尊敬する故・広瀬一郎氏が2002年に出版した『スポーツマンシップを考える』の中にある。

「相手」「ルール」「審判」があれば、それはスポーツ。

これは遊びにも共通する条件だ。トランプ、囲碁、将棋、麻雀も、その理屈で考えれば立派なスポーツといえるし、激しい身体活動を必ずしも伴わないものなのだと思う。

そもそもスポーツの語源には、**「本来の場所から離脱して楽しむ」**という意味がある。スポーツマンという言葉について英英辞典で調べてみると、**「Good Fellow（いい仲間）」「Good Loser（負けた時の品性）」**などの解釈がある。「運動神経、身体能力に秀でている人。競技力が高い人」の国語辞典的な意味とはちょっと違うようだ。

日本では「スポーツ＝運動」と規定されてしまう。その意識が部活動、体育の授業によって、得手不得手のふるいにかけられ、スポーツ自体が「得意／苦手」「する／しない」

の二極化でしか語られないようになってしまったのである。

そんなスポーツについての間違った認識を改めるために、僕たちTSCのミッションは、「スポーツライフが心とからだと暮らしを変える」をモットーに、「する・見る・話す・働く・支える」の喜びをクラブの地域の人々に感じてもらい、自らも楽しみ、夢を育むことを目指した。

プロスポーツ選手やクラブを支える地域の人々の愛情表現は、試合で一喜一憂する熱量でわかるだろう。ヨーロッパや南米での試合会場のサポーターたちは、試合前からお酒を飲んで盛り上がり、試合に負けるとエキサイトするサポーターもいるが、勝っても負けても、街に繰り出し、ああでもない、こうでもないと飲食しながら語り合う。TSCミッションにある「話す」である。こうすることで、仲間が増え、日々のストレスも軽減される。そして、ライフワークのひとつになるのである。

勝っても負けても市民と共にゴールを目指す我がクラブを誇りに思い、クラブと選手に愛着を持つ。**日本のプロスポーツで一番必要なのは、クラブを擁する地域の人たちが、どれくらい自然な気持ちで試合とその前後を楽しめるようになっているのか、そしてリピーターとして再び応援に行きたくなっているのかということだ。**

「また観に行こうね」

「次はあのクラブの、あの選手のグッズを買おう」

「試合の前はあの店の有名グルメを味わおう」

「帰りは、みんなであの店で一杯やっていこう」

スタジアム周辺や、まちなかでそんな言葉が自然と交わされるようになることが重要だ。そのためには、若者や家族連れ、高齢者、年代的にそれぞれが楽しめる空間を共有できるコミュニティができあがってこなければいけない。

⚽勝っても負けても応援したくなるクラブか

そうしたコミュニティが求めるのは、常に勝てるクラブたれ、選手は活躍しろということばかりではない。**愛されるクラブ、自分のクラブ、地域の人たちに創られるクラブ**であることが第一義だ。

仮にそのクラブが連敗に陥《おちい》っていたとしよう。勝敗だけが問われるのであれば、負けが込めば、企業は協賛金などを引き上げるだろうし、ファンも離れていく。しかし、地域の人々が愛着と共にこのクラブを応援しているのであれば、**負けが込んでいる時こそ心が動く**はずだ。

「もっと応援してあげなくちゃ」

「私たちサポーターがクラブを支えて盛り上げよう」

「負けても、こんな楽しみがあるじゃないか」

つまりは、勝っても負けても応援したくなるチーム——。

そのためには、やはりクラブの立地地域におけるコミュニティやまちづくりをどのようにしていくかが重要なのだ。

政府は、「日本再興戦略2016」の中で、2025年までにスポーツの市場規模を3倍の15兆円にしようとする成長戦略を掲げている。人と人をつなぐことに焦点を当て、スポーツに関心の薄い人たちにも、スポーツを通した共感を得てもらいながら、新たなビジョンをつくりたいと思っているようだ。

地域のクラブの存在価値が高まっていけば、やがて良質なコミュニティ形成にもつながり、目標達成に近づいていくと僕は信じている。

観客を試合観戦だけで帰らせるな

北陸新幹線が長野から金沢まで延伸されて、北陸へのアクセスは各段に良くなった。それに伴い、富山を訪れる人たちの目的がだいぶ多様化していることを常々感じていた。

それまでは北陸観光と言えば、中心は同じ日本海沿いの石川県金沢市で、様々な伝統工芸文化をはじめ兼六園、武家屋敷跡、茶屋街などの観光名所へ足を運ぶのが王道だった。

一方、富山県といえば、海の幸の代表格であるブリ、白えび、ホタルイカ、他にも紅ずわいガニ、ます寿しが有名。観光地であれば、立山黒部アルペンルートの雪の大谷、黒部峡谷のトロッコ電車のほか、世界遺産の五箇山合掌造り集落、お祭りのおわら風の盆と、金沢に比肩する絶景スポットが揃っている。

また、ビジネスにおいても富山県には、YKK、三協立山など世界的にも高いシェアを誇る企業が主要拠点を置いており、アクセスが良くなったことはビジネスチャンスの拡大にもつながっているはずだ。

北陸新幹線の延伸の恩恵は、観光やビジネスだけではない。観劇やアカデミズムの学会、のほか、我らがカターレ富山などのスポーツ観戦にも好材料となった。僕たちTSCは、このチャンスをさらに活かす方向性を議論してきた。

カターレ富山のサッカー観戦からアイデアを巡らせることになった。**県外から観戦に訪れた人たちが試合後の時間を、富山県内でどのように充実して過ごしてもらえるか。そして、今後も旅行先やリピーターとしてお越しいただくにはどうすればいいか**という企画立案だった。

「やっぱり、美味しい料理ですね。食べると幸せな気分になれますから」

女性スタッフは目を輝かせる。

「地元の銘酒と獲れたての地のもの、やっぱり富山湾の海の幸でしょう」

酒好きの男性スタッフも、クイッと猪口《ちょこ》を空《あ》けるポーズを見せて言う。

スタッフ自身が、自分が県外まで足を延ばすことをイメージして、出かける目的の他に何が引き付ける材料になるのかを語り、数時間に及ぶ議論を重ねた。

まとめた企画立案書には、「～北陸新幹線で行く～　スポーツ観戦おもてなしツアー」と大々的にタイトルを謳《うた》った。延伸された北陸新幹線で訪れたスポーツ観戦のあとには、地元の海の幸と銘酒を楽しんでいただくという内容だ。

さあ、ここからの行動は早い。すぐに富山駅前横にある、一般社団法人富山県旅行業協会に向かい、担当者にポスターの内容やコンプライアンスについて尋ねた。

「唐突に恐縮ですが、ＮＰＯ法人をしております、佐伯と申します。本日、ご相談がありましてうかがいました」

「いらっしゃいませ……」

窓口の男性は、僕に怪訝《けげん》そうな視線を送っている。

単刀直入に説明した。富山で行われるＪリーグ観戦には、必ず他県のサポーターが応援のために来県する。試合後に彼らがすぐ帰ってしまわないよう、地元の飲食店でおもてなしをする計画がある。お酒を飲むとなれば車ではなく、延線されたばかりの北陸新幹線で来県する。富山県の課題となっている北陸新幹線利用促進に、プロスポーツ観戦を活かしたい。そこで貴協会にもご協力をいただきたい――という趣旨だった。

「ほう……」

担当者の眉間には皺が寄っていた。

「『～北陸新幹線で行く～　スポーツ観戦おもてなしツアー』という名称で観光ツアーを組みたいのですが、ぜひこちらでもご協力願えませんでしょうか？」

だが、担当者の反応は芳しくなかった。

「このネーミングについてですが、北陸新幹線で『行く』とか『ツアー』という言葉は使えないんですよ。あなたがたのＮＰＯのスタッフに旅行業の資格をお持ちのかたはいないでしょう。旅行代理店と勘違いされる恐れがありますよ」

企画立案書のタイトルはすぐに却下されたものの、担当者には企画自体はおもしろいと受け止めてもらえ、それを機に相談に乗ってもらう関係になったのである。

最終的に、2015年**「～北陸新幹線利用者限定～　飲んで食べて楽しんで　スポーツ観戦しよう！　富山のおもてなし」（のちに「観戦おもてなしデー」に改名）**となり、各新聞、各テレビの取材を受ける事業となった。

カターレ観戦後の客が富山を再来訪

ポスター案やカターレ富山などへの打診もうまく運び、早速、富山市内の飲食店の協力を仰ぐために向かったのは、「すし居酒屋　大海」の店長、坂口浩一氏だった。この店は、僕の兄に連れられてきたのがきっかけで知った。富山の新鮮な地の海の幸と純米酒をたっぷり味わえる名店だ。今では一人でも店を訪れるようになった。

「マスター、元気？」

暖簾《のれん》をくぐると、マスターはまな板の魚を包丁で捌《さば》いていたところだった。

「マスター、実は相談があって来たんですわ」

「何ですか？　相談って？」

「実は『～北陸新幹線利用者限定～　飲んで食べて楽しんで　スポーツ観戦しよう！　富山のおもてなし』といって、他県からのアウェーのお客さんがカターレ富山戦の観戦ついでに、富山湾で獲れた鮮魚を食べてもらい、美味い酒を飲んで帰ってもらう。それで富山のリピーターになってもらおうという案なんです」

僕は、まな板の上で鮮魚が捌かれているのを見ながら話しかけた。

「いいアイデアじゃないですか！　それでうちの店に協力を求めて？　こちらもありがたい話ですよ！」

マスターは目を細めて言う。

「さすがマスター！　でもね、当日にならないとお客さんの数が明確にならないし、たぶん、10～20名くらいかな。1人の料金は大体これぐらい。何かお土産でもつけてくれるとありがたいなぁと思って」

僕も笑顔で返しながら、ざっくりとした計算を記したメモをカウンターに置いた。

マスターがメモを見るなり、包丁の動きが止まって、笑顔がフッと消えた。

「……佐伯さん、冗談でしょう？　宴会当日まで参加人数がわからないって。しかもお土産付き？　で、この料金？」

「いやあ、本当に申し訳ない。でもね、他県のお客さんにスポーツを楽しんで、富山県が誇る美味しい料理を食べさせてあげたいの。僕は、みなさんにここのお店の料理を食べてもらい、また来年もこのお店に来たいね、と思ってもらいたいんです」

頭を下げると、マスターは腕を組んで目を閉じ、しばらく動かなかった。

やがて、目がパッと開かれると、こう言った。

「わかりました！　佐伯さんにはいつも世話になってますし、協力させていただきますよ」

マスターの太っ腹に感謝した。

終日、カターレ富山の試合終了後、対戦相手だったAC長野パルセイロのユニフォーム姿のサポーターたちが「大海」の宴会場に集まり、刺し身や氷見牛、地酒を味わい、最終列車で長野へ戻っていった。当然、ホームでお見送りをさせていただいた。

マスターは何と、**サポーター1人ずつに1年以内にリピーターとして来店した場合、純米酒一升がもらえるプレゼント券**まで手渡してくれたのだった。

現に、翌年、翌々年と純米酒一升をいただいていったサポーターがたくさんいる。とてもうれしいことだ。

金額的には採算度外視みたいな提案をしてしまったのだが、それ以来、長野、栃木、東京、大阪、神奈川、愛知、北九州からも、試合観戦を終えたサポーターが大海以外での開催時にも来店して、富山湾の料理に舌鼓を打っている。

「でもね、佐伯さん、ぜんぜん儲からんですわ（笑）」

マスターの言葉に（すみません）と心の中でお詫びしつつ、感謝を伝えた。

後日談となるが、2019年シーズンには、とてもうれしいことが起きた。長野でのAC長野パルセイロ戦で、長野サポーターによる**「逆おもてなし」**を富山サポーターがいただくことになったのだ。長野市内の焼き肉店でお返しのおもてなしを受けたのである。両サポーターにとって最高のシーンとなったことは言うまでもない。

新たなつながり「病院ビューイング」

「『〜北陸新幹線利用者限定〜　飲んで食べて楽しんで　スポーツ観戦しよう！　富山のおもてなし』という事業をしており、全国のJクラブに広めたいと考えていますが、どうでしょうか？」

Jリーグ事務局にこんな提案をした。すると担当者は、

「面白そうですね。そういえば、新潟県でアルビレックス新潟およびアルビレックス新潟後援会と、NPOアライアンス2002、新潟日報社が主催で行われる**『サッカー楽会』**が開催されます。伝えておきますから、そこに参加されてはいかがですか？」

さらに新たな情報を教えてくれた。

TSC理事長を務める僕は早速、サッカー楽会に「サッカー観戦おもてなし」の事業報告のパネラーとして、他県のかたたちと一緒に出席した。

そこにはJリーグのタイトルパートナーである明治安田生命保険相互会社本社からも数名がお越しになり、ゲストとしてスピーチされていた。

私が休憩中、事業の有効性を伝えるチャンスと捉え、積極的に明治安田生命保険のかた

がたと名刺を交換させていただいていた時だ。

「佐伯さん、このおもてなし事業については、私たちから明治安田生命保険の富山支社にも伝えておきます。ぜひ一度訪ねてください。よろしくお願い致します」と言われた。

ネゴシエーションとしては最高の手土産となった。

そのおかげで、明治安田生命保険富山支社への訪問後のおもてなし事業は、長野サポーターに明治安田生命保険の長野支社のかたもご参加いただき、明治安田生命保険富山支社の坂口基徳氏には、スタジアムでの集客やお店での運営などたくさんのご尽力をいただいた。

楽会では各県のＮＰＯがユニークなアイデアを出してくる中、最も目に止まったのは**「病院ビューイング」**というプランだった。

（え？　病院ビューイング？）

僕も興味深く思い、パネラーの説明を聞いていると、いわゆる**パブリックビューイングを入院患者および医療関係者向けに病院内で開催する**という斬新なアイデアだ。この先駆けとなったのは、アルビレックス新潟のサポーター、ＮＰＯアライアンス２００２の取り組みだという。

きっかけは、新潟市在住のとある女性だ。彼女は、闘病中からスタジアムでサッカー観戦をしたいと切望していた友人をがんで亡くした。その無念を叶える意味も含め、その後、サッカー観戦を望んでいた入院中の子どもたちを連れてスタジアムへ行こうとしたのだが、重篤な患者もいて実行できなかった。そこで彼女は、クラブと病院に協力を得て、入院患者が院内でサッカーを応援できる環境づくりをしたというわけだ。

サポーター起点の取り組みに、新潟県立中央病院（上越市）の医師、石田卓士氏が賛同し、その後も普及活動をしているという。**病院内での観戦であれば、現地で観戦する不安はなくなる。スポーツ観戦の時間を共に過ごすことで、入院患者、医師、看護師との関係が深まったという画期的な効果も生まれているそうだ。**この試みは僕の心に響いた。

（これだ！　我が県にも必要な事業だ。県内プロクラブの存在価値も高まる。すぐにでも実施すべきだ！）

ここからの速度は、僕の力の見せ所だ。病院ビューイングの企画書を携えて、カターレ富山をはじめ県内の医療従事者、観戦おもてなし事業でもご協力いただいた明治安田生命保険富山支社の坂口氏にもご参集いただき、そこに新潟県立中央病院の石田医師、NPOアライアンス２００２の浜崎一氏を富山に招き、レクチャーを受けた。

こういったつながりを、まずはじめにつくることはとても大切だ。TSCが「スポーツで人と人をつなぐ」ビジョン達成に向けた具体的なアクションとなった。

病院ビューイングには4つの目的があった。

①スポーツの力で入院患者の不安やストレスの軽減を図ること。

②病院スタッフと一緒にサッカーを観るという体験を共有し、患者と担当医師、看護師たちとの距離を縮め、信頼関係を構築すること。

③病院スタッフのコミュニケーションを促進し、働きがいのある職場づくりに寄与し、早期退職防止策ともなること。

④サッカーのことや富山のサッカークラブ（カターレ富山）の存在と選手の顔も含めて、プロスポーツのおもしろさを知ってもらうこと。

観戦おもてなしに引き続き、改めて訪れた企業は、会社ぐるみでJリーグ全57クラブとスポンサー契約を結ぶ明治安田生命保険富山支社だった。

「病院ビューイングとは、おもしろいアイデアですね」

対応していただいた当時の岡本光浩支社長、坂口氏の笑顔を見て僕は手応えを感じた。カターレ富山、そして複数の病院を訪れてプレゼンをする。いずれも好感触だ。すぐに実現へ向けて打ち合わせを進めた。

⚽患者と病院関係者への大きなメリット

２０１７年10月8日、第1回病院ビューイングは富山県立中央病院で開催された。続いて22日には富山市民病院で。各病院スタッフ、カターレ富山スタッフとサポーター、明治安田生命保険富山支社、富山大学人間発達科学部スポーツ社会学の神野研究室、ＴＳＣ各ボランティア、そして各メディアのおかげで成功させることができた。

翌２０１８年には黒部市民病院（黒部市）と富山西リハビリテーション病院（富山市）が加わり、４病院での開催となる。

そして3年目となる２０１９年。新しく富山県済生会富山病院（富山市）が5病院目として加わり、１月8日に開催された。院内のホールに児童からお年寄りまでの入院患者や病院職員ら約60名が集まった。ホールには、ケガで戦線離脱中の選手を含む出場していないカターレ富山の若手選手、サポーターたちが集まった。会場運営や観戦を盛り上げるために参加を申し入れてくれたのだ。

この日は、ＡＣ長野パルセイロ戦だ。救急体制など万全に整えて臨んだ。大型モニターには動画配信サービスＤＡＺＮ《ダゾーン》からの中継が投影される。

試合前にカターレ富山の選手が挨拶し、クラブのマスコットキャラクター・ライカくんが登場。ホール内では早速、サポーターがホール内のみなさんに応援の方法を教えている。ボールを追う選手たちがピッチで躍動する姿を眼前にして、看護師は患者の車椅子に寄り添いながら目を輝かせ、医師もプレーをネタに患者と談笑している。

サポーターの中には大学生ボランティアがいたり、カターレ富山のジュニアユースのU－15、U－18の若い選手らもいた。彼らが患者に話しかけると、ある高齢のかたは笑顔になって、こんなふうに返している。

「孫と話しているみたいでうれしい」

「あなたサッカー選手なの？　じゃあ、未来の日本代表選手ね、応援しているね」

高齢の患者のかたがたが、若手選手を励ましながら会話もサッカーも楽しんでいる光景に、僕は「やってよかった」と胸が熱くなった。

スポーツは「する」だけではない。いろんな人を元気にする価値があることを中高校生時代から知ってもらいたかった。教科書にはないスポーツ教育である。

また、看護師の女性や女性の医師、女性の患者には、やはり若手のイケメン選手が人気だったようで、病院内でそうした様子が見られることもほほ笑ましく思えた。

試合のハーフタイムには、院内のリハビリ担当から疲れを取る体操や選手による前半戦の総評。試合中はカターレ富山のサポーターと患者が一体となって、スタジアムでの応援と同じような熱い声援を送っていた。激しく競り合うヘディングや豪快なシュートがモニターに映るたびに、観戦している患者と病院関係者たちから大きな声が漏れるのだ。

試合の前後には、カターレ富山の若手選手の握手とサイン会が行われ、選手たちもまたいい表情になっていた。

「自分たちにはサッカーで勝つことだけではなく、違ったかたちでファンのかたがたを喜ばせることができるんだということを知りました。僕がケガから回復したら、入院されてがんばっているみなさんに、ピッチでもっともっと元気なプレーを見せなくてはいけないと決意しました」

ある選手の言葉だ。僕は感激した。**スポーツが人をつなぎ、思いをつないでいる。**選手からこういう感想を聞くことができるのは、彼らにとって、真のプロ選手としての人間形成という教育にもなっているということだ。これこそが僕が求めていたスポーツの素晴らしさの体現なのだ！

「病院でサッカーの試合が見られるなんて思わなかった」

「サポーターの子たちが応援の仕方を教えてくれて、スタジアムにいるみたいで楽しかったね」

「明治安田生命保険のペッパーくんやライトくんと、たくさん話ができて癒されたね」

うれしい声が続々届く。病院、患者側へのアンケート調査も行わせていただいたのだが、**病院側はこのイベントによって、これまでは外科、内科、耳鼻科などの各科や各病棟、医局間では同じ病院内でも距離感があったが、初めて異なる所属同士で会話ができて、より一層働きやすい職場になったそうだ。**

一方、患者側からは、医師や看護師との会話が苦手だったが、病院ビューイングをきっかけにいろいろな話ができて、意気投合できた、看護師さんが好きになったなど、プラスの感想が数多く寄せられたのだった。

医療の根幹というか、病院の理念、ビジョンが、病院ビューイングによってより深くつながった。スポーツにはこんな力もあるのだ。

おかげで、新聞、テレビ報道は富山県内にとどまらず、中部や関西、関東エリアへも波及した。さらには全国紙、全国放送でも紹介された。病院ビューイングビジョンに加え、TSCビジョン達成を裏付けるうれしいシーンとなった。

2020年は開催場所を7カ所に増やすことを予定していたが、新型コロナウィルスの感染拡大のため、現時点では延期となっている。コロナ禍が収まったら、ぜひ病院ビューイングを復活させたいと思う。

共同募金会を巻き込もう！

2007年、TSCの会議中、出席メンバーの理事の1人がある意見を述べた。

「佐伯さん、福祉施設で過ごす子どもたちやお年寄り、障害者が外出する機会がなかなかありません。集客に伸び悩むプロスポーツ観戦に彼らを連れていくのはどうでしょう？」

意見を述べてくれた理事自身は、とあるスタジアムのスタンド席でプロ野球観戦をしていた時にアイデアが閃いたという。

「プロスポーツの観戦ですね。すると資金をどうするか、ですね」

理事長の僕は、ボランティアだけでは済まない現実問題となる資金面も考えなければならない立場だ。

「募金はどうですか？」

他の理事からは「いや、募金でそういう活動をしていいんでしょうか？」などの反対意見も出て、なかなかGOサインは出せない。

こう見えて僕は結構、損得勘定を考える人間だ。募金活動がTSCの業務になれば、仕事がまた増えることになる。その活動コストに見合った成果は上げられるのか。多少の失敗でも、決して資金力があるわけではないＴＳＣには崩壊の危惧になり得る……。

そこで目をつけたのは、赤い羽根でなじみのある、福祉活動を支援するための募金の専門機関である、**社会福祉法人「富山県共同募金会」**との協働だった。また、聞くところによると、長引く経済活動停滞の影響もあり、募金額が伸び悩んでいるという。何かしら僕たちＴＳＣが共同募金会の活性化という視点においてもお役に立てることがあるんじゃないか。スポーツでいろんな課題を解決したい――。

ＴＳＣの会議で出ていたアイデアは、こんな具合だ。県内の各飲食店などを回って募金箱の設置をお願いしてはどうか。店を訪れたお客さんが募金活動の内容に賛同のうえで募金をしていただく（のちに、募金賛同店舗のことを「ＴＳＣクラブハウスパートナー」と名付けた）。そこで集まった募金は、県共同募金会に預けて通帳管理をお願いすればよい。**協働することで、県共同募金会からすれば、広報費をかけずに活動を知ってもらう機会になるし、僕たちＴＳＣにとっても業務が増えることにはならない。さらに、お金の保管、使い道が明確で事業の信用性が高まる。いわば、双方がＷｉｎ・Ｗｉｎの関係だ。**募金の名目を、福祉施設の子どもたちやお年寄り、障害者のかたがたをスタジアムやアリーナに連れて行って観戦をしていただくため、と明確に打ち出したらどうか。大観衆の中、野球、バスケット、サッカーなどプロスポーツの楽しさに触れてもらえる良い機会になる。

福祉とスポーツをつなげた募金箱

県共同募金会にこのアイデアをまとめた企画書を持参すると、二つ返事で快諾をいただいた。名称は**「スポーツ観戦お出かけ支援募金」**となり、目的は福祉施設のみなさんをスポーツ観戦に招待するためとすることに決定した。この活動で「福祉とスポーツ」がつながる。外出機会が少ないかたがたに広いスタジアムでの清々しい観戦を楽しんでもらうことは、心や生活にもプラスの影響があるはず。募金から往復バス代、観戦チケット代、昼食代、ルールなどの解説をレシーバーで行う観戦ナビゲーションをまかなうことで話を付けることができた。

募金箱第1号店は〝唄うおでん屋〟として市内でも様々な人が集う「茶文」にしたかった。この店は僕が勤務する雄峰高校の故・笹岡正毅校長先生に連れてこられて以来のなじみだ。店主の中村渉氏は実は音楽家でもある。子どもたちに音楽の楽しさを知ってもらうために、地域の中学校でフォークソングを演奏したり、毎年のクリスマスには障害者が書いた詩にメロディをつけて施設内コンサートでお披露目しているという心温かな人物なのだ。

「マスター、ご迷惑でなければ、この募金箱を置かせていただけませんか？」

僕はスポーツ観戦お出かけ支援募金の活動趣旨を説明した。黙って聞いていたマスターの表情がふと和らいだように見える。横にいた奥様も微笑んでいた。

「もちろん、協力させていただきますよ。私もぜひ、重い病気と闘っている子どもたちをスポーツ観戦に連れて行ってあげたいからね」

その後、募金箱の設置は7カ所に増えた。活動内容に賛同していただいたお客さんからは、思いのほか多額の寄付が集まったのだ。

募金箱設置から数カ月後、県共同募金会と設定した目標額に達した。第1陣として児童養護施設「ルンビニ園」に通う小中学生たちを招待することになった。TSCが用意したバスで子どもたちを送迎する。スタンドから球場内の絶景を見た子どもたちの目が輝いていた。球場内ではBCリーグ「富山サンダーバーズ」の公式戦を土肥健二氏（高岡商高校出身・元ロッテ捕手）のそばに座り、小型受信機を使いながら試合実況を聞き、土肥氏から直接、ルールや選手の特徴などを教わっていた。子どもたちはいつしか応援団の声援に合わせて、選手の名前を大声で叫び、盛んに拍手を送っていた。晴れやかな表情を見ているうちに、僕は鼻の奥がつんとなって目が潤んだ。

スポーツ観戦お出かけ支援募金は現在も継続中である。

「まちなかスタジアム構想」への道

高校の体育教師兼NPO理事長として僕が奔走してきた、人々とスポーツをつなげる取り組み。Jリーグクラブの設立はカターレ富山に発展させることもできたし、病院ビューイングなど新たな取り組みも無事にスタートできた。この段階までこれたことは、一介の高校教師の夢物語から始まったことから考えれば、奇跡の連続だったのかもしれない。もちろん、僕一人だけの力ではない。奇しくも巻き込んでしまったみなさんのおかげだ。

しかし、僕がこのまちで見る夢はまだまだ終わらない。もはや夢というよりも野望だと言われることもあるけれど、次のステップとして考えているのは、**「まちなかスタジアム構想」**だ。約1万人規模の「まちなかスタジアム」を県内のアクセスに優れた場所に建設し、サッカーだけではなく様々なスポーツ、イベントを誘致する。「おもてなしデー」で得たノウハウにより観戦客に向けた様々な導線を用意することで、ゲームやイベント前の2〜3時間、終了後の2〜3時間をまちなかのお店や施設にも足を延ばしていただく仕組みづくりを進める。楽しんで歩き回ることで、富山市の「歩きたくなるまちづくり」「歩くライフスタイル戦略」に大きく寄与できる。これまでに培ったスポーツによるまちづくり、地域活性の方法論を、ここにすべて詰め込みたいと僕は考えている。

「佐伯さん、いくら何でも夢がデカすぎる」

「今、Jリーグのホームスタジアムがあるんだから、2つも必要ないのでは？」

そんな冷めた発言もあるのは重々承知。だが、その一方で、

「デカい夢じゃないですか！　おもしろい、協力しますよ」

「県民のみんながスポーツに関心があるかないかにかかわらず、一日がそこで楽しめるようになれば望ましいですね」

夢物語に終わるかもしれない一大構想を、真剣に聞いてくれるかたがたもいるのだ。

まちなかスタジアム構想は、何もカターレ富山だけのためではない。カターレの試合開催と、集客や観戦の熱気をさらに上げることとは、スタジアム構想の一端にすぎない。そもそも365日中、Jリーグの試合は20試合程度だ。富山で盛んなプロスポーツの一つであるサッカー、その中のカターレ富山をまちなかスタジアム構想に組み込むことで、スポーツ振興だけでなく、**富山にしかない資源をフル活用し、富山の課題をそこに住む市民が自分事として考え、持続したコミュニティを形成する。**そんな相乗効果を生むことができるという狙いだ。

ずいぶん前になるが、TSCの創設5周年記念講演会を富山市内の県民会館で開き、そ

こにJ1「浦和レッドダイヤモンズ」元代表取締役社長の藤口光紀氏を招聘《しょうへい》した。「夢に向かって――スタジアムを核にした街づくり」と題した講演は、地域におけるプロスポーツクラブづくりから、さいたまスタジアムをファンの要望に応えて改修した経緯なども紹介された。

また、「スポーツコミュニティでとやまの未来を語る会」では、2020年3月より「～持続可能な楽しむ街へ～『スタジアムからはじめよう』」というテーマで市民が肩書きを超えた対話をすでに4回重ねている。

まちなかスタジアムの意義は、かつての欧州視察でこの目で見てきた。ショッピングセンター、ホテル、病院、高齢者施設などがスタジアムに併設されている。そして、**万が一の災害時には、スタジアムが街の人々の命を守る避難所であったり、救護起点になる。**まさにスタジアムが街の中心として機能し、スタジアムを起点とした街づくりが実践されているのだ。

語る会でのゲストスピーカーの話を聞いていると、ますます僕の中には「いつか富山にもまちなかスタジアムを！」の思いが熱を帯びてくる。もちろん、現在のカターレのホームスタジアムよりもアクセスのいい場所を確保するための用地買収であったり、建設コストをどう按分していくかなど、Jクラブ設立以上に大きなお金と人と企業などをつなぐことに時間をかけなくてはならないだろう。

でも「できるはずはない」と言われたJクラブはできたのだ。スタジアムもできないはずがない。

スポーツを軸として、人、地域コミュニティ、福祉、ビジネス、すべてをつなげていきたい一念で続けてきた、これまでの活動。その結実のメルクマールとして、まちなかスタジアムという発想を現実化させる時期が、ようやく今来ているのだと痛感する。

そして何より目指すべきは、北陸のいち地方都市であったこの県を**「アクティブでアイデンティティに溢れ、ワクワクする富山」**にしていくことだ。すでに地方は都会から選ばれる時代に突入している。**中央にはない魅力的な生き方、暮らし方、遊び方がここにはある。**そう胸を張って言いたい。

まちなかスタジアム構想、夢で終わらせるつもりはない――。

それが、スポーツで厳しくも楽しい人生を歩んでこさせていただいた最後の恩返しだ。

証言8

今井隆信氏

（富山エフエム放送株式会社　アナウンサー）

熱量がものすごい人だ！

佐伯さんとのお仕事のお付き合いは13年ほど。体育教師をしながらＮＰＯ法人まで立ち上げて活動されているのですから、普通じゃないですよね。

以前、佐伯さんが企画されたプロ野球独立リーグに所属する「富山ＧＲＮサンダーバーズ」の試合で、会場でＦＭの電波を飛ばして試合の解説がオンエアされていましたが、これは佐伯さんの発案でした。奇抜なアイデアに驚かされたものです。

あとはやはり「病院ビューイング」ですね。

単なるスポーツ解説とは違っていたし、病院ってそもそもスポーツを提供する場所ではないですよね。

その組み合わせの意外さにも驚かされましたけれど、サッカー会場だと選手やお客さんの会話は聞こえませんが、病院ビューイングの場所だと間近で生の声が聞こえてくる。ラジオパーソナリティの自分にとっても刺激になるイベントでした。患者さんと選手の両方から生の声を聞き出して、リスナーにお届けすることができたのです。

佐伯さんとは、その後も定期的にメールで活動のご案内や告知をいただいています。

佐伯さんを取材するたび思うんです。「熱量がものすごい人だ！」って。いつも圧倒されています。

証言9

中村渉氏

（唄うおでん屋「茶文」マスター）

出会った頃からの情熱を持続できるってすごい

雄峰高校の校長先生に連れられてきたのが、若き熱血教師の佐伯先生との初対面でした。今から21年前くらいかな。いつのまにか、一人で来店することが多くなり、常連さんたちとも打ち解けて、気軽にお話をされる気さくな方だと思って見ていました。

私は音楽の活動もやっていて、地域の中学校で公演をしたり、障害者施設でコンサートを開いて障害のある子どもたちが書いた詩に私がメロディを付けた曲を歌ったり、そんな活動を25年間続けています。その話を佐伯先生にしたところ、先生はご自身の活動を話し始めたんです。Jリーグクラブ設立のことや、理事長を務めるTSCの活動、そして「スポーツ観戦お出かけ支援募金」のことなど。それで、「マスター、ぜひこの募金箱を店に置かせてください！」と。小児がんの子どもたちをサッカー観戦に連れて行ってあげたいなどの話を熱く語ってくれてね。大いに賛同しました。それ以来、ウチのカウンターには募金箱を設置してあって、今も酔客が入れていってくれますよ。

彼の人柄は、信じられる人、でも一方で不思議な人。学校のことだけしていればいいのに、自分の時間を削ってとにかく色々なことや人たちに全力で向き合ってる。根っこに熱いものを持ってるんですよ。それを感じたから私も協力しています。出会った頃からあの情熱を持続することってなかなかできませんよ。きっと人が好きなんでしょうね。

人は悩み、もがくところから解を導く
――あとがきにかえて

ここまで読んでいただけたみなさん、有難うございます。

僕にとって初めての本であり、自分がやってきたことがどこまでその題材になるか、読んでいただける人たちを楽しませることができるのかは、正直言って自信がない。でも、Jリーグクラブを富山につくりたい一心で突き進んできた、僕の深奥にある火薬のような思いは、すべて書ききったつもりでいる。

高校教師としては、かなり型破りな行動をしてきたし、授業の内容や生徒への接し方についても、かなり変わり者だという印象を周囲に与えてきたことと思う。冒頭にも記したが、富山県は非常に保守的な県民性を持つ。突出して目立つことを控え、新たな物事を起こす第一号になることには抵抗感がある。そんな中で僕が今の性分を持ち得たのは、これまでに接した周囲の人たちが、奔放な発想の僕を包み込んでくれていたからだと思う。

例えば、赴任先の学校のこと。学校職員との出会いに支えられてきた。なぜか校長、教頭など管理職のかたがたは、突っ走りがちな僕を教師としての規定のギリギリのところで見守ってくれていた。まだ20代の僕に「仕事は楽しく、遊びは真剣に」という今なお持ち続けている思考を教えてくれたのは、体育科の上司だったし、NPOを立ち上げ課外の活動がどんどん増えていく中で、兼業願いの活用を教えてくれたのは校長だった。年間40日もの休暇を合法的に取得したこともあったが、それを許諾してくれたのも、上長たる学校職員のかたのおかげである。

元来、僕は飽きっぽい性格だ。Jリーグクラブ設立のために駆け抜けた帰郷からの30年超の歳月、よくもまあ、ずっと同じ熱量を持ち続けることができたものだ。やめれば楽になれる……そう思ったこともずいぶんあったし、自分でもどうしてこんな険しい道ばかりを選んでしまうのかと不思議に思うこともあった。

僕は昔から出る杭《くい》だった。呆れ顔で僕を見る人、白い目で見る人。彼らの表情は今も忘れない。それでも突き進んでこられたのは、未来へ向けての夢=ビジョンがあったからだ。夢は1センチでも前に進めることに意味がある。真剣に遊ぶことこそ楽しいと捉えていた僕は、むしろ障壁が目の前に現れること自体を、どこかで遊びのように楽しんでいたところがあるのかもしれない。

サッカーのポジションで僕は長年、FWを務めてきた。試合において幾度となくピンチに追い込まれたが、そういう時にこそ、新たな攻撃のアイデアが浮かんでくることを経験則として知っている。劣勢の試合だからと言ってあきらめないところに、突破口は見えてくるのだ。人は悩み、もがくところから解を導く。ある意味、マイナスがあればそれをプラスに変えられるのだから、何とすばらしい生き物であることか。

僕は亡き父からも多大な影響を受けた。父は地元の新聞社勤務のタフな男だった。父に良く言われた言葉をよく思い出す。

「売られた喧嘩には負けるな」「弱い者の味方になれ」「やり始めたら最後までやれ」「ツケで飲める店を3、4軒は持て」……。

振り返れば、僕は父の言葉を端から実現してきたように思う。人生の進め方、楽しみ方、窮地の凌《しの》ぎ方。僕が猪突猛進に夢に向けて全力疾走できた根底には、そうした学びがあることを改めて気づかされた。

もちろん、感謝すべきは学校関係者や父だけではない。これまでの僕の半生と交錯していただいた全ての人たちにお礼を言いたい(次ページの謝辞一覧にまとめさせていただく)。

2021年の富山は1月から大雪に見舞われた。例年であれば東京とそれほど変わらない程度だが、富山駅前にも50センチ以上の積雪を記録した。そんな冬空の夜、久々に見あげた空には星が一面に見えた。時折、僕はこうして星空を仰ぐ。そして、広い宇宙の中での地球の小ささを思い、身の回りに起きた深刻なことでさえも取るに足らない小さなことだと捉えるようにしている。

宇宙の時間に換算すれば、人生なんて1秒にも満たないことだろう。パッと光って消える火花のようなものだ。それくらい短いものだと思えば、考えついたことはやるしかないだろう、楽しむしかないだろう、そして、もっとやれるだろうと鼓舞されるのだ。何を弱気になってるんだ！　ここまでに至る日々、僕は幾度、夜空を眺めたことだろう。

Jリーグクラブは無事に船出となった。でも、これで僕の夢は完結するわけではない。次のステップ、さらにその次……構想はできている。

僕はこのまちで、まだまだ懸命に走らせて頂こうと思う。

この世に生を受けて56年、再びの東京オリンピックの年に——

佐伯仁史

〈謝辞にかえて〉

人生において、何より友が大切であることを教えてくれた遊びやスポーツ。そこからのつながりの中で、お世話になったかたがた、有難うございました！
（順不同、敬称略）

徳風幼稚園の仲間
富山市立星井町小学校のみんな
富山市立南部中学校の友達、サッカー部のみんな
富山県立富山東高校サッカー部のみんな
筑波大学蹴球部のみんな

広瀬照明（元富山市立南部中学校講師）
髙橋敏雄（元富山東高校サッカー部監督）
松本光弘（元筑波大学蹴球部監督）
山中邦夫（元筑波大学蹴球部コーチ）
上野二三一（元財団法人日本サッカー協会2種大会部会長）
田嶋幸三（公益財団法人日本サッカー協会会長）
真田幸明（公益財団法人日本サッカー協会事務局職員）
山野清俊（元富山県サッカー協会理事長）
植野勝次（元日本クラブユースサッカー選手権大会実施副委員長）
佐藤修（一般財団法人日本クラブユースサッカー連盟名誉会長）
加藤寛（一般財団法人日本クラブユースサッカー連盟会長）
喜多清（元日本サッカー協会理事）
岸洋（元北信越クラブユースサッカー連盟理事長）
石田敬真（元北信越クラブユースサッカー連盟事務局長）
公益財団法人日本サッカー協会
一般社団法人北信越サッカー協会
公益社団法人富山県サッカー協会
一般財団法人日本クラブユースサッカー連盟
北信越クラブユースサッカー連盟
富山県クラブユースサッカー連盟
JFAスポーツマネジャーズカレッジ本講座各チューター・2期生のみなさま
JFAスポーツマネジャーズカレッジサテライト講座スタッフ・インストラクターのみなさま
間野義之（早稲田大学スポーツ科学学術院教授）
横山文人（亜細亜大学経営学部ホスピタリティ・マネジメント学科准教授）
中田国夫（中田自動車有限会社代表取締役）
立山フットボールアカデミーのみなさん
立山ベアーズU18・トップチームのみんな
FC富山U-18のみんな

野村武史（元FC富山U-18主務）
山﨑勝治（元FC富山U-18主務）
植野昌弘（元FC富山U-18コーチ）

中尾哲雄（元株式会社インテック会長　元富山経済同友会代表幹事）
田家清（元YKK株式会社副会長）
中野幸夫（株式会社アルビレックス新潟代表取締役社長）
藤口光紀（元株式会社三菱自動車フットボールクラブ代表取締役社長　現・浦和レッドダイヤモンズ株式会社）
谷田一郎
山口昌広（北酸株式会社代表取締役社長）
石﨑大善（株式会社アイザック代表取締役社長）
品川祐一郎（トヨタモビリティ富山株式会社代表取締役社長）
田中洋一郎（ダイチ株式会社代表取締役社長）
酒井洋（北陸建工株式会社代表取締役社長）
矢郷勝美（北陸建工株式会社東京支店長）
市森友明（株式会社新日本コンサルタント代表取締役社長）
坂口基徳（明治安田生命保険相互会社富山支社）
池森武宜（TSC名誉会長　Jリーグスタディグループ）
南木恵一（一般社団法人とやまライフデザイン研究所理事長　Jリーグスタディグループ）
貫江和夫（元公益社団法人富山県サッカー協会専務理事）

安田量（一般社団法人常願寺川公園スポーツクラブクラブマネジャー・事務局）
今井隆信（富山エフエム放送株式会社　アナウンサー）
西野由香（株式会社アドバンス社富山支社長）
徳前紀和（富山県立氷見高校ハンドボール部総監督　一般社団法人富山ドリームス専務理事）
上林功（追手門学院大学社会学部准教授）
神野賢治（富山大学人間発達科学部地域スポーツコース准教授）

株式会社カターレ富山
株式会社富山サンダーバーズベースボールクラブ
株式会社富山グラウジーズ
社会福祉法人富山県共同募金会
コーシン・サントリービバレッジ株式会社富山支店
菱越電機株式会社
前田建設株式会社
株式会社ホクタテ
中部観光株式会社
株式会社チューリップテレビ
株式会社メディアプロ
株式会社カルデックスエンターテインメント
有限会社ヤマモトスポーツ
有限会社ひげラーメン

ねむり家
中村渉（唄うおでん屋　茶文）
坂口浩一（すし居酒屋　大海）
川瀬知枝子（姑娘）
松原大（だい人）
塚原淑子（かみふうせん）
保坂祥太（ゴールドスタイルメンバーズ）
佐伯武文（居酒屋& Bar TAKE）
島田光浩（Shiny Mountain）
岩永和己（ミュールヘアー）
海木実（フィオーレ・ディ・ファリーナ）

TSCクラブパートナーのみなさま
TSC理事のみなさま
TSC学生コーチのみんな
病院ビューイング担当医師・看護師のみなさま
スポーツコミュニティでとやまの未来を語る会参加のみなさま
齋藤湧希
富山県内新聞・タウン情報誌各社
富山県内テレビ・ラジオ放送各社

県立砺波学園職員・園児のみなさん
県立雄山高等学校教職員・生徒・サッカー部のみなさん
県立富山高等学校教職員・生徒・サッカー部のみなさん
県立雄峰高等学校教職員・生徒・バスケットボール部・陸上部のみなさん
県立しらとり支援学校教職員・児童・生徒のみなさん

佐伯拓也
佐伯美緒
佐伯志伸婦
佐伯芳昌
佐伯富子
佐伯昌平
佐伯みずき
佐伯仁紀
佐伯虹奈
佐伯天瑚

そして、
愛とは何かを教えてくれる妻・誉香へ——。

著者・佐伯仁史氏から本書読者への3大特典!

このたびは、佐伯仁史さん初の著書『フツーの体育教師の僕がJリーグクラブをつくってしまった話』をご覧になっていただき、誠にありがとうございます。佐伯さんの教師としての育成手法や熱意、NPO法人「富山スポーツコミュニケーションズ（TSC）」の活動にご興味を持っていただいたかたに、3つの特典を進呈いたします。

❶ オンライン講座「TSC子育て支援講座」を読者限定で無料開催します!

参加者10名以上でお集まりいただけましたら、佐伯さんが講師を務めるTSCの人気講座を無料開催いたします。本書では書けなかった裏話なども含め、現役教師が子どもを取り巻く現状と将来、これからの親・大人のあるべき姿を語ります。ご希望のかたは、下記アドレスまで、お名前、ご希望日程、ご参加人数、ご連絡先電話番号（※本件開催のご連絡時のみに活用させていただきます）を明記のうえ、下記アドレスまでメールにてお申し込みください。ご参加の際には本書を画面に向けてお見せください。それがチケット代わりとなります。開催日程につきましては、佐伯さんのご都合によってご希望通りにならない可能性もありますことをご了承ください。

◎NPO法人「富山スポーツコミュニケーションズ」https://toyama-sc.typepad.jp/home/
理事長：佐伯仁史
メール:saeki@toyama-sc.com

❷ 源泉かけ流し!「水橋温泉ごくらくの湯」を読者限定料金50%OFF!

本書の「証言1」にご登場いただいた中田自動車有限会社の中田国夫さんのご厚意で、中田さんが経営する「ごくらくの湯」の利用料金420円を、本書持参でお越しいただいたかたには本書1冊で1人1回、50% OFFの210円にてご利用いただけます。ご利用時に本の最初のページにスタンプを押させていただきますことをご了承ください。つるりとした触感の茶褐色の湯は、ぽかぽかが長時間続きますよ。

◎水橋温泉ごくらくの湯
富山県富山市水橋中村町字花内187-1　TEL076-479-1359

❸ 佐伯さんの「できたて」の教育対談動画を読者みなさんに無料公開いたします!

佐伯さんがご自身と同じように教職以外にも活躍をされている徳前紀和さん（富山県立氷見高校ハンドボール部総監督・一般社団法人富山ドリームス専務理事）と共に、学校教育に関する持論を熱く語ります。本書で記された佐伯さんの教育論、教師論をさらに深く知りたいかたはぜひ！

◎動画URL

Session1
https://youtu.be/nCasFJ7xUC0

Session2
https://youtu.be/9tjOmEFdLSs

Session3
https://youtu.be/QwRzPqoTWRk

Session4
https://youtu.be/ZSk2rvmZAhM

Session5
https://youtu.be/zTVF7Eod9Bs

Session6
https://youtu.be/ygdRHUGW9K4

佐伯仁史（さえき・ひとし）

1964年生まれ。富山市出身。同市立星井町小～同南部中～富山県立富山東高～筑波大学体育専門学群卒。現在、富山県立雄峰高等学校教諭。体育の教鞭を執る。実業校、進学校、定時制、支援学校すべての校種を経験、特に多数の不登校生徒、反抗的な生徒をやる気にさせ、立ち直らせてきた実績がある。教職と並行して、社会生活や教育現場におけるスポーツの重要性を研究、実践。約30年前よりスポーツ本来の意味や重要性を直視し、クラブマネジメントの視点から小学校から社会人までのクラブ、立山フットボールアカデミー（現立山ベアーズ）を設立、そこから独立したFC富山U-18などを経て、2005年NPO法人富山スポーツコミュニケーションズを設立し、理事長に就任。富山県サッカー協会特任理事として「Jリーグスタディグループ」を設置し、困難極めると言われていた、政財界、YKK、北陸電力を3年間でつなぎ、Jリーグを目指す県民クラブ（そのまま「カターレ富山」に）を創設した。JFA（日本サッカー協会）公認B級コーチ、JFAスポーツマネジャーズカレッジサテライト講座インストラクター。

フツーの体育教師の僕が
Jリーグクラブをつくってしまった話

第1刷　2021年3月31日

著者　佐伯仁史
発行者　小宮英行
発行所　株式会社徳間書店
〒141-8202
東京都品川区上大崎3-1-1目黒セントラルスクエア
電話　（編集）03-5403-4350／（営業）049-293-5521
振替　00140-0-44392

印刷・製本　三晃印刷株式会社

ISBN978-4-19-865251-7

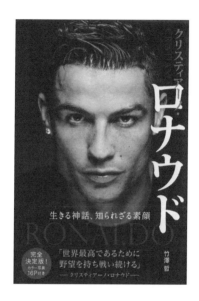